『十四五』国家重点图书

汉水流域文明研究文丛之乡村文化自信

乡风乡韵

——一个汉江游子的古镇乡愁传奇

潘世东　丛书总主编
杨　涛　丛书执行总主编
赵伯贤　编著

国家出版基金项目
NATIONAL PUBLICATION FOUNDATION

WUTP
武汉理工大学出版社

图书在版编目（CIP）数据

乡风乡韵：一个汉江游子的古镇乡愁传奇/赵伯贤编著. —武汉：武汉理工大学出版社，2021.12

（汉水流域文明研究文丛之乡村文化自信）

ISBN 978-7-5629-6512-1

Ⅰ.①乡… Ⅱ.①赵… Ⅲ.①乡镇-地方史-十堰 Ⅳ.①K296.35

中国版本图书馆 CIP 数据核字（2021）第 224609 号

责任编辑：刘 凯
责任校对：夏冬琴
装帧设计：艺欣纸语
排 版：武汉正风天下文化发展有限公司
出版发行：武汉理工大学出版社
社 址：武汉市洪山区珞狮路 122 号
邮 编：430070
网 址：http://www.wutp.com.cn
经 销 者：各地新华书店
印 刷 者：武汉精一佳印刷有限公司
开 本：710×1000 1/16
印 张：11.75
字 数：221 千字
版 次：2021 年 12 月第 1 版
印 次：2021 年 12 月第 1 次印刷
定 价：92.00 元

凡购本书，如有缺页、倒页、脱页等印装质量问题，请向出版社发行部调换。
本社购书热线电话：027-87384729 027-87391631 027-87165708（传真）

作者简介

赵伯贤，1968年8月生，中共党员，中国传媒大学在职研究生学历，湖北省人文社科重点研究基地汉江师范学院汉水文化研究基地特邀研究员。历任十堰电视台记者、制片人、主任等职，现担任十堰市艺术研究所所长、党支部书记，国家二级编剧，十堰市戏剧家协会主席。

多篇新闻作品在省市获奖，参与策划拍摄、统筹的外宣片《走遍中国·十堰》在央视播出，参与策划的大戏《乡试》《均州旧事》分别获国家、省优秀剧目奖。创作并参与拍摄的25集电视连续剧《衣食父母》在全国电视台播出，并获十堰市首届武当文艺奖。与欧阳学忠合作，先后创作了《太极祖师张三丰》《庐陵王在武当》《草头王》等多部电视连续剧剧本。组织编纂《十堰记忆·戏剧》《十堰记忆·曲艺》等多部丛书，出版、撰写论文多篇。

“汉水流域文明研究文丛之乡村文化自信”
顾问及编委会

总 序

汉水文化是我国流域文化中具有典型意义的特殊文化范型，是国内外学术界特别关注的学术焦点。

早在1956年，赖家度撰写《明代郧阳农民起义》就从土地兼并和流民生计问题论证了流民起义的原因。20世纪90年代以来，关于该领域的研究异彩纷呈。王光德与杨立志著有《武当道教史略》，对中国道教在汉水中游的武当山异军突起作了全面且系统的梳理，这本书也成为研究汉水文化历史较早的史学专著。张国雄借助大量族谱资料完成名为《明清时期的两湖移民》的学术著作，对持续数百年的“江西填湖广”“湖广填四川”作了初步梳理。牛建强的《明代人口流动与社会变迁》对汉水上游的地理、物产和人口概况作了详细的介绍，总结流民在该地区的活动以及朝廷由暴力镇压到安抚的策略变化过程，指出其作为内陆型移民代表的典型意义。葛剑雄主编、曹树基著的《中国移民史》（第五卷）按府级政区对汉水下游的洪武大移民和中上游的荆襄流民运动的过程与人口作了初步估算，可以看作是对20世纪该领域研究的系统总结。这一时期关于明代汉水流域经济开发的研究也已起步，具有代表性的文章是吕卓民的《明代陕南地区农业经济的开发》、张国雄的《江汉平原垸田的特征及其在明清时期的发展演变》等。21世纪以来，跨学科研究方法被广泛运用到该领域的研究中。受年鉴学派影响，武汉大学的一批学者不再把移民、经济、社会看成独立的研究单元，而是以长时段、多学科相结合的方式进行综合研究。2000年，鲁西奇的《区域历史地理研究：对象与方法——汉水流域的个案考察》出版，为区域历史地理创立了全新的研究范式。晏昌贵的《丹江口水库区域历史地理研究》将各个历史时期该地的政区、人口、聚落、经济研究结合起来，全面展示古代社会的生存状态。2007年，张建民的《明清长江流域山区资源开发与环境演变：以秦岭-大巴山区为中心》出版。潘世东的《汉水文化论纲》、刘清河的《汉水文化史》和柳长毅、匡裕从主编的《郧阳文化论纲》等著作则是从大文化史观的角度对汉水文化进行纵横梳理的务实探索。

此外，章开沅、张正明等主编的《湖北通史·晚清卷》，张正明著的《楚史》，蔡靖泉著的《楚文学史》，张正明、刘玉堂撰的《荆楚文化志》，潘世东、饶咬成、聂在垠主编的《汉水文化研究论文集（2）》，杨郧生编著的《汉水流域民俗文化》，李学勤、徐吉军主编的《长江文化史》，黄元英著的《商洛民俗文化述论》，左鹏著的《汉水》，鲁西奇著的《城墙内外：古代汉水流域城市的形态与空间结构》，陈良学著的《明清川陕大移民》，巫其祥著的《汉水流域的民居和民居风俗说略》，梁中效著的《汉水流域历史文化的和谐特色》，刘克勤主编的《文化襄樊》，王美英著的《明清长江中游地区的风俗与社会变迁》，周积明主编的《湖北文化史（上、下）》，王雄著的《汉水文化探源：一个河流守望者的文学手记》，徐少华著的《荆楚历史地理与考古探研》，刘玉堂、张硕著的《长江流域服饰文化》，夏日新著的《长江流域的岁时节令》，顾久幸著的《长江流域的婚俗》，姚伟钧著的《长江流域的饮食文化》，赵殿增、李明斌著的《长江上游的巴蜀文化》，刘韶军著的《楚地精魂——楚国的哲学》，曾小珊主编的《魅力汉中》，杨光才等编著的《南阳宗教文化》，赊店历史文化研究会编的《中国历史文化名镇——赊店》等，都有开一时风气之先的贡献。

汉江师范学院立足于文化历史学、文化社会学、文化哲学和文化地理学等学科背景，着眼于历史性、时代性、全面性、典型性、学术性和普及性等学术定位，运用现代学术规范，从全流域的角度，系统地梳理了汉水流域经济社会、历史文化发展的辉煌历程，汉水文化的形成和发展的古今概貌，揭示了汉水文化的基本内涵和特征，全面地描绘了汉水流域具有典型意义、异彩纷呈的文化事项和民风民俗，形成了“汉水流域文明研究文丛之乡村文化自信”这套独具特色的地域文化研究、流域与河流文化研究的丛书。

“汉水流域文明研究文丛之乡村文化自信”是一个涉及文化自信的建立、核心价值观的构筑和乡村振兴战略的实施等多个领域的综合性选题，是在特定时期（新时代）、特定区域（汉水流域），针对特定对象（乡村与基层），采用特定方式（乡村文化振兴）解决文化自信的建立、核心价值观的构筑和乡村振兴战略的实施问题，建设发展“产业兴旺、生态宜居、乡风文明、治理有效、生活富裕”的新农村，构筑“农业强大、农民富裕、农村美丽”的辉煌绚丽明天而提供的思考与讨论、启示与借鉴、思路与方案，以及目标任务和创造性举措。

“汉水流域文明研究文丛之乡村文化自信”将研究置于史论一体、宏微观结合的纵横坐标上，进行立体透视和系统把握，主要是采用史论结合，即历史与逻辑相结合、理论思辨与实证分析相结合、宏观研究与微观研究相结合的方法和比较研究方法，以及美学和心理学研究方法，采取思想发展逻辑与社会文化语境相统一、理论分析与田野调查相统一、真理诉求与价值评判相统一的视角和研究方向，融原典阐述和现代阐发于一体，讲求研究方法的科学性和实效性。本丛书由9本书构成，主要包括《曲莫如汉——汉水流域历史文明巡礼》《汉水风神——一条古河的历史文化魅力》《明代汉水——一条文化大江的峥嵘辉煌岁月》《岁时节令与风尚习气——汉水流域历史文化风习》《童心不泯——一条大江千年不歇的儿童歌谣》《东方莱茵河——一条大江的钟灵造化神韵》《人类的故乡——一座汉江府城的千古沧桑》《古盐道上的文化奇迹——一个汉江古镇的千年歌唱》《乡风乡韵——一个汉江游子的古镇乡愁传奇》。该丛书以汉水流域为着眼点，通过对流域内一条大江、一群人、一个村、一个镇、一个城、一组歌谣、一种文明形态、一种文化等个案的历史阐释，揭示一方山川大地富饶壮美、历史文化博大精深、社会经济富丽繁荣背后的文明涵养力、支撑力、规范力和推动力的深远根源。

大略统览上述9本书，我认为"汉水流域文明研究文丛之乡村文化自信"具有四个方面的实践与理论价值：其一，该丛书具有较高的政治与学术理论站位，聚焦乡村振兴战略中的乡村文化振兴，聚焦汉水流域乡村文化的本色、底色、成色和特色，围绕汉水流域乡村文明的传承、保护与创新，分别从乡村文化的实践与探索、乡村文化的温馨与浪漫、乡村文化的情怀与梦想、乡村文化的创新与发展、乡村文化的奇迹与贡献等，展现汉水流域乡村文明特有的博大精深、伟大辉煌，展现汉水流域乡村文化在历史发展变革中坚实而持久的润化滋养作用、规范约束作用、支撑推动作用、激励引领作用，凸显乡村文化的价值与力量，着眼重塑乡村文化自信，凸显核心价值观，助推文化小康和乡村文化振兴战略。

其二，研究主题重大而紧迫，不仅紧跟时代，贴近现实，而且直接关乎物质文明、政治文明、精神文明、社会文明、生态文明五大文明建设，属当前急需破题且强力推进的重大社会文化历史课题的主要内容。

其三，本丛书可以丰富汉水流域社会史、地方史研究内容，拓宽研究范围，纠正前人研究的部分偏见。本课题将在全面收集官方、民间资料的基础上，全面总结和思考已有研究成果，综合考察移民开发、国家治理、文化建树之间的关系，将汉水流域社会历史文化研究引向深入。

其四，本课题将汉水流域的"历史流域学"推向繁荣，将参与创设新的研究范式，推进人文社科重点研究基地建设。近年来以流域为研究对象的"历史流域学"方兴未艾，本课题将全面参与这种全新研究范式的创建，以汉水为例丰富"历史流域学"的理论与方法。此外，本课题的研究具有较为重要的学术价值和区域经济社会发展等方面的现实意义。

作为特异型的流域文化，汉水流域文化在自身的历史进程中处于南北文化激荡交锋的锋面，融合黄河文化和长江文化的优长，具有兼容会通的特色，独树一帜，别具一格，是得天独厚、不可代替的流域文化范型。对汉水流域文化的观照和审视，从某种意义上说，就是对中华文化的重心和节点的观照和审视。真正学术意义上的汉水流域文化研究依然任重而道远。关于汉水流域文化赋存资源现代转型的研究和开发，对于中西部地区的经济、政治、文化、社会和生态建设，对于流域文化、城市文化等文化学学科建设，对于进一步振兴中华民族文化，具有重要的理论意义和现实意义；对于全流域的文化资源优势转化为文化产业优势，对于推进文化强国建设和文化产业跨越式发展，对于鄂西生态文化旅游圈的开发和建设，都具有重要的参考借鉴与促进推动作用。

“好雨知时节，当春乃发生。”“汉水流域文明研究文丛之乡村文化自信”是一套应节起舞、应运而生的地域历史文化丛书，我们诚挚地期待它能落地生根、开花结果，正如丛书主编潘世东教授的初衷设定：“首次运用文化人类学方法、现代生态学和价值理论，立足哲学和社会学的理论背景，调查走访、科学论证和理论演绎并重，力求从理论和实践两个方面双管齐下，实现对汉水流域传统历史文化和经济社会发展模式的全面透视，解析汉水流域千年政治经济和社会文化和谐发展的成功奥秘，以达到总结历史经验教训、传播先进思想文化和科学技术、为决策者参考的目的。”

“不废江河万古流。”最后，我衷心祝愿汉水文化研究行稳致远、根深蒂固、生机勃勃！热切期待汉水文化研究基地成果丰硕、人才济济、兴旺发达！

汉江师范学院党委书记、博士生导师杨鲜兰

2020 年 9 月 19 日

序

《乡风乡韵》是作家赵伯贤离别故乡30年后对故乡的回望，并以回眸的一瞬完成对故乡的3D成像，是一部值得读者品读的长篇纪实作品。

作者对故乡的品读是多维度的，哪怕是一个细微的情节，都根植于一个特定的维度。作品提纲挈领地以宗族、乡党和事迹3个维度作为基本架构，揭示南化塘人社会宗族、描述南化塘人社会群体、再现南化塘人社会作为，并以此展现出作者宏大叙事的功力。回眸叙事，三维架构，是本作品的显著特征。

一、宗族：钖穴与郧乡 作者将南化塘的初成追溯到了西周早期。那时南化塘地属西周封国麇国。麇国的都城叫钖穴，在今天郧阳区五峰乡一带。同时他又将宗族追溯到了西周的另一个封国郧国。郧国建国于云梦泽蒲骚（今应城和安陆一带），国民是从中原迁徙而来的陆浑人。公元前701年楚国与郧国发生蒲骚之战，郧国人一部迁徙至麇国地域，自此麇国内有了许多带有“郧”字的地名，如郧关、郧乡和郧阳等。

这种追溯是有意义的，它标示着一个地区的历史长度和文化深度。尽管南化塘地方小，没有传世文献的记述和较为可靠的口传史，甚至作者自己也无法考证南化塘究竟是在哪个历史节点上建起聚落，在哪个历史刻度上有了宗族，但是，这种历史追溯实际上是必要的文化探索。这种追溯与探索，是一个书写故乡的作者所应有的态度和做法。这是根，这是源，这是建立叙述话语权的地平线。

从作者目前所掌握的历史资料和谱系姓氏看，南化塘并非宗族聚落，或者说不是血缘聚落。作者认为是由历代移民加原居民形成的聚落，并演化为镇这样的大聚落。陆浑人时期，是宗族可能性最大的时期，但也未必所有的陆浑人同是一个宗族。后来，起码自西晋开始，直至明清，北方因天灾人祸而失去土地的流民进入荆襄山区，大多经由南化塘，有些再也经不起长途跋涉的流民便在南化塘安顿下来。此外，还有历代商人的迁居。所以，南化塘的移民人口几乎每个朝代都有。这既是事实，也是铺垫，因为南化塘的聚落凝聚力是许多宗族聚落所不能企及的。这让读者感到南化塘的凝聚力更具社会内涵。同时也使作者在写"乡党"的时候，在写"事迹"的时候，能够更准确地把握其内涵，有更精确的尺度和量度。仅此也可以看出作者的认知能力和驾驭水平。

正是通过对历史深度和宗族构成的分析，全面展现出南化塘的人文精神。南化塘人文精神正契合郧阳人文精神。郧阳人文精神是在2009年郧阳文化高峰论坛上认定的，并写入《郧阳文库》书系中。这就是：乐山悦水、安土睦邻、兼容并蓄、耕读传家。乐山悦水是秦岭、大巴山和汉江铸造的人文精神，南化塘居秦岭，面汉江傍丹江，是靠山吃山、靠水吃水祖祖辈辈的山水人家；安土睦邻是典型的中国式土地信仰的文化传统，安于土地，友邻互助；兼容并蓄是人口流徙和文化流变形成的人文精神，作者认为，"迁徙与融合是人类永恒主题，一代又一代，永无止息"；耕读传家是典型的儒家文化精神，南化塘人信奉"治国以教化为先，教化以学校为本"，历史上的私塾、义学、社学，直到今天的小学、中学，使南化塘人较为普遍地受到了文化教育，有史以来数以千计的教师为南化塘的教育事业呕心沥血。为此，作者感叹道："正是他们奠定了故乡教育基石，……使南化中学升学率在全郧阳区一直名列前茅，培养出了一批又一批遍布郧阳区、十堰市、湖北省乃至全国、全世界的行业骨干、精英人才。”南化塘虽然不是宗族血缘聚落，却是一个富有凝聚力、尚善向上的社会结构模块。

二、乡党：内涵与信念 作品中的乡亲，在南化塘的语境里被称作“乡党”。这种称谓一般仅兴盛于陕西关中一带，全国其他地区并不多见。“乡党”一词虽然用不着以训诂学的理论和方法加以诠释，但其本义和词源距今十分遥远。“乡”的本义是两个人相对而食，可依照其甲骨文形体因形求义，起码在商朝后期才被假借为户籍量词，如十邑为一乡。“党”的本义是晦暗，后来也被假借为户籍量词，如五族为一党。两个户籍量词并用为族群名词“乡党”，是指一个区域居住的人口为同生共存的社群。同时，可以明显看出，“乡党”作为名词词义成分并不等同，“乡”的本义成分居多，而“党”则保留着足够多的假借量词成分。可以说，乡党比乡亲、乡里、乡邻等名词更能反映出词义产生和词性形成的文化纹理。

在本义上，南化塘的“乡党”的的确确不是具有宗亲指向的社群。因为南化塘的人口结构主要是移民。尽管移民都有自成体系的小宗族、小宗亲，但这样数不胜数的小宗族和小宗亲的小社群，不可能融合成为血缘的大宗族、大宗亲。作者的匠心也正在这里，因为，南化塘的乡党不是宗族胜似宗族，不是宗亲胜似宗亲。南化塘人重文重教，重知识教育，重人才培养。过去的私塾、义学和社学，分别以《增广贤文》和四书五经等作为主要教材。中国传统文化强调做人要牢记“八端”：孝、悌、忠、信、礼、义、廉、耻。

忘“八端”也就不配做人。南化塘人堪称自古就恪守“八端”做人，“八端”的每一端都有典型代表人物，有“中华孝亲敬老之星”，有忠精报国英雄，有知耻而后勇的志士，有一生为官、两袖清风的人民公仆等，故而南化塘的乡党多有超凡脱俗、出类拔萃之人。南化塘的乡风习尚具有重大文化人类学意义，具有积极的社群结构理念。南化塘的乡党告诉世人，只有他人活得好，自己才能活得更好。这对于“只有他人活不好，自己才能活得好”的狭隘理念，无疑是一种颠覆。零和博弈在今天依旧充斥在人们的生活中，充斥在国家与世界社会中，使今天的世界充满了算计、较量、攻讦和战争，将本是人类福祉的资源用于你死我活的内耗。因而，无论是在小的社群里，还是在大的社会里，品读南化塘定然别有一番文化人类学的社群主义感慨。这一点，是《乡风乡韵》一书的核心价值所在。

作品中有一段这样的表述：“我们不管来自何方，千年百年地流转迁徙，上溯故乡，思念前辈，我们不可数典忘祖，每个故乡人都应是一家人，都应相亲相爱，和谐共处。”这种信念正是作品核心价值的社群主义基底。

三、事迹：守土与共建 人与事是一体的。事迹可以简单地描述为人的行为结果。人有什么行为，就有什么事迹。社会是人类社会，故乡是人类家园，而事迹在宏观上就是家园的面貌、故乡的精神。

南化塘人文精神，物化出为世代南化塘人所骄傲的事迹。沿着历史线索，追溯事迹留痕，南化塘人首先建起和谐的家园，并且最终将自己的家园建成被称作“鄂之屏障、豫之门户、陕之咽喉”的三省边陲重镇。最初的南化塘是一个小驿站，“塘”是驿站的一个低等的级次，南化塘是因驿站而建的聚落。这足以说明，南化塘是驿道上的一个聚落，地理不封闭，信息不闭塞，具有得天独厚的地缘文化。

农、工、商、兵、文、艺，是作者相对集中叙述的南化塘“六事”。农包括林、牧、渔；工是前期的农工和后来的工业；商是前期的农商和后来的工商；兵是军事，包括匪事和革命战争；文是文化和教育；艺是工艺和演艺，包括民间手艺、民风民俗、岁时节庆和民间艺术。作者以“六事”勾勒南化塘的历史面貌，其本质特征是守土与共建。

守土本义是保卫疆土。作品虽然忠于这方面的叙述，比如保卫家园的斗争，但宣示的主题与含义是土地信仰，是农民对土地的忠诚和对农耕的坚守。南化塘人世世代代生活在这块土地上，日出而作，日落而息，守土、守耕，守望家园，行实实在在的农事，做本本分分的农人。

然而，对南化塘的历史影响最为深远的是商贸和兵事。

驿道的地缘，使南化塘聚落从诞生之日起就带着商贸特征。在鄂西北，驿道之多，全国闻名。西安和洛阳是多个朝代的都城，汉江、丹江和洛河，一直是联结王朝都城的水上大通道。在丹江流域，南化塘紧傍联结秦川与江汉的商於古道，与码头重镇荆紫关、龙驹寨毗邻，之间有许多因商於古道而形成的商道。货物贸易使南化塘在春秋时期甚至更早就成为商贸集结地，正如作者所说：“各地商人也携资来此，开矿伐木，兴办作坊，从事商品生产。”如今南化塘是十堰市农业大镇、人口大镇、边贸重镇，是十堰市、湖北省文明乡镇。

同样是驿道的地缘，使南化塘聚落从诞生之日起就成为兵家必争之地。南化塘自古多战事。作者认为：“在清末以前，所有发生在十堰市、郧阳区的大事战事，诸如崇祯九年（1636年）张献忠攻打郧阳府，李自成多次进出郧阳及后来的捻军、太平天国起义，据史料记载，都路经或辗转于故乡。”作者还特别写到了“中原突围”，写了南化塘人民对中原突围所作出的奉献与牺牲。从英雄人物、英雄事迹，以革命维度表现出南化塘人守土共建的故乡情怀和家国精神。

中国地域文化研究会成立后的首个重大文化项目是全程考察汉江，提出汉江是汉民族母亲河观点、中华文明第三源头论点和现代人类发祥地学说，作出了《汉江夏商周时期的流域文明》长篇学术报告，提升了汉江的历史文化地位；潘世东的《明代汉江文化史》、黄忠富的《郧阳藩镇研究》等论著，也是汉江文化研究的重大成果。赵伯贤此作《乡风乡韵》，显然又为汉江文化研究增添了新的成果。

《乡风乡韵》的要义是品读南化塘人文精神。南化塘的乡党是热爱社会、奉献故乡、富有家国情怀的乡党，正如作者在书中写到的那样：“这个群体，不管是身居故乡，还是在外打拼，都能勤俭治家、持家，为理想、为梦想朝夕努力着、奋斗着。”赵伯贤也在为梦想朝夕努力着、奋斗着，他是一位名副其实的南化塘人，《乡风乡韵》的读者既品读着南化塘，也品读着赵伯贤。

傅广典①

2020年9月8日于武昌东湖

① 作者系中国地域文化研究会主任、湖北省民间文艺家协会主席，享受国务院政府特殊津贴。

目　录

第一章　乡　　土

土能生万物，人皆有故乡。我的故乡南化塘，位于中国卡车之都十堰市郧阳区的东北角，面积约420平方千米，辖28个行政村，地处鄂豫陕三省交界地带，是素有“鄂之屏障、豫之门户、陕之咽喉”之称的边陲大镇，历来为兵家必争的重地。故乡这方热土，青山环抱，林涛卷浪，绿水萦绕，碧波荡漾，田园肥沃，物产丰富，稻麦两熟，花果生香，楼房林立，鳞次栉比，道路纵横，车水马龙。实现了村村通公路，村村电气化。开通了移动通信网络，实现了村村通电话，家家有手机。2019年年底，全镇实现脱贫致富，进入小康。昔日传递军情的驿站，今日成为口子重镇，曾多次荣获省、市文明乡镇，被誉为镶嵌在鄂豫陕交界处的一颗闪亮明珠。

一

南化塘镇是生我养我的故乡，在细说故乡之前，先说说管辖郧阳区的十堰市和管辖故乡的郧阳区。

十堰市位于秦巴山区汉江中上游，湖北省西北部，辖三区四县一市及两个市政府派出机构，即茅箭区、张湾区、郧阳区、郧西县、竹溪县、竹山县、房县、丹江口市和十堰经济技术开发区、武当山旅游经济特区。

十堰市东临襄阳、南望神农架、西依大巴山、北屏秦岭，长江最大的支流三千里汉江自西向东横贯全境，拥有“南船北马、川陕咽喉、四省通衢”之称。

十堰市建市虽然只有几十年的时间，但因原郧阳地区与十堰市合并，将十堰市的历史推向了更久远的年代。它在商、周时属麇、庸、绞等国；战国时属楚国；秦汉时属汉中郡；隋、唐、元、明、清、民国时期先后属豫州、均州管辖，设置郧阳府、第八行政专员公署。

1948 年 6 月，陕南区第四地委、专署成立，管辖十堰地域各县。1949 年 1 月，第四地委改为两郧地委、专署。同年 7 月，两郧地委、专署机关从郧西迁往郧县城关。此时两郧地委辖郧县、郧西、均县、竹山、竹溪、房县六县。1950 年 1 月，陕西省委、省人民政府成立，两郧专署隶属陕西省。同年 2 月，两郧地区划归湖北省管辖。两郧专署改为郧阳专署并仍下辖六县。

1952 年 12 月，撤销郧阳专署，划入襄阳专署，后属襄阳地区。1965 年 6 月，复设郧阳地委，并成立郧阳地委办事处。同年 7 月，设立郧阳专员公署，公署机关驻郧县。同年 8 月，郧阳专区辖郧县、郧西、房县、竹山、竹溪、均县六县。

1969 年 12 月，成立隶属郧阳地区的县级市十堰市。郧阳地区辖十堰市、郧县、均县、郧西、房县、竹山、竹溪。

1973 年 2 月，郧阳地区所辖十堰市改为省辖市，地市分离。升格后，十堰市辖十堰、茅箭、白浪、大川、东风、花果、黄龙、大峡八个人民公社。郧阳地区仍辖六县。

1983 年，均县改为丹江口市（县级市）。郧阳地区辖郧县、郧西县、房县、竹山县、竹溪县和丹江口市。1984 年 5 月，十堰设张湾、茅箭两个市辖正县级区。

1994 年，郧阳地区和十堰市合并后，成立新的地级市十堰市。延续了 500 余年的“郧阳”之称淡出，成为人们记忆中的历史符号。

现今的十堰城区，于清朝因人们在百二河和神定河拦河筑坝十处以便灌溉，由此得名十堰。

十堰市是鄂、豫、陕、渝毗邻地区唯一的区域性中心城市，位于华中、西南、西北三大经济板块的结合部，毗邻地区最大的汽车制造、汽车科研、医疗卫生、商业集散、交通枢纽、旅游文化、生态控制中心，是鄂西生态文化旅游圈的核心城市。

十堰市的“仙山”（世界著名道教圣地武当山）、“秀水”（南水北调中线工程调水源头丹江口水库）、“汽车城”（中国第一、世界前三重型车基地十堰城区）三张世界级名片闪耀全球，它是所有十堰人自豪和光荣的资本，也给十堰人民带来了巨大的福祉。

209 和 306 国道交汇十堰，十天高速（十堰至甘肃天水）、十房高速（十堰至房县）、谷竹高速（襄阳谷城至房县、竹山、竹溪）、郧十高速（郧阳至十堰）、银福高速（银川至福州）的建成，使十堰市交通便捷，四通八达。襄渝铁路横贯东西，每天有近百次旅客列车停靠十堰站，可直达北京、上海、成都、西安、武汉、郑州、哈尔滨、杭州、广州、福州等地，两列始发动车 4 小时即可到达省会武汉。汉江黄金水道运输可通江达海。

武当山飞机场的建成，使十堰人 30 年的蓝天梦终成现实，十堰与北京、上海、杭州、广州、深圳、昆明、成都、西安的连接，意味着连通了全国，连通了世界。

二

郧阳区一直是原郧阳地区、现十堰市管辖的一个县，与之共存共荣。2014 年 9 月 9 日，国务院正式批复撤销郧县，设立十堰市郧阳区。在离别 20 年后，“郧阳”的名称再度回归。

郧阳区依秦巴望南疆，据汉水达荆湘，四围群峰逶迤，境内沟壑纵横，往古水路通商，南北必经。已被发掘认定的距今1.4亿年至6700万年的柳陂青龙山恐龙蛋化石群震惊中外，柳陂青龙山恐龙蛋化石群和梅铺李家沟的恐龙骨骼化石共生地世界罕见。

20世纪80年代末，国家考古学者在郧县青曲的曲远河学堂梁子上发掘出的古人类颅骨化石，动摇了人类起源于非洲的一元学说，被国际古人类学者认定为直立人，并命名为“郧县人”，被专家确认为距今已有100多万年，证明郧阳区地域为古人类的起源地，古老的汉江是汉民族文化的摇篮，古老的“郧县人”是中国人的祖先。

“郧十一级路”，即“十堰大道”的修建和城际公交的开通，更拉近了十堰城区与郧阳区的距离，实现了市区无缝对接。

三

简说十堰市和郧阳区后，就来说说地处郧阳区东北角的我的故乡南化塘吧。

提起故乡，即使知道所在省份，但从目前出版的任何中国地图上，若不用较大倍数的放大镜而单凭肉眼很难寻找到，虽说其在十堰市小有名气，但在全省、全国却名不见经传，在全国34000多个乡镇中可谓沧海一粟。

且慢，故乡名气不大但别小瞧，它的区域位置在中国可不是一般乡镇能轻易与之媲美的，绝不可等闲视之。

缘何这样说？从世界地图上看，中国好像一只大雄鸡傲然屹立在世界的东方，“鸡头”是黑龙江、吉林、辽宁，“鸡背”是内蒙古自治区，

“鸡尾”是新疆，“鸡脚”是台湾和海南，而“鸡心”则位于重庆市巫溪县、湖北省竹溪县、陕西省镇坪县三县交汇处。在交汇之巅，有一雄浑山岭，状若鸡心，以其形而得名鸡心岭。鸡心岭为陕、渝、鄂分界线，也是西南、西北、华中三大区的交汇点，是中国地理位置一个特殊的地方，恰好位于雄鸡版图的心脏位置，有“自然国心”之称。

故乡虽不在“鸡心”却在中心。据考证，中国的中心区域大体为秦巴山区、汉水谷地、淮河源头、南襄盆地，准确地说即为陕西省的商洛市、河南省的南阳市、湖北省的十堰市，而故乡恰恰位于三省三市交界之处。从几何角度看，它与毗邻的白浪、刘洞镇，河南省淅川县的荆紫关镇、寺湾镇，陕西省商南县的魏家台、汪家店镇正好是中心区的中心。

因故乡独特的地理位置，自古以来都是兵家必争之地。太久远的不说，单说清末以前，所有发生在十堰市、郧阳区的大事战事，诸如崇祯九年（1636年）张献忠攻打郧阳府，李自成多次进出郧阳及后来的捻军、太平天国起义，据史料记载，都路经或辗转于故乡。

四

故乡缘何叫“南化塘”，有一种说法是它位于河南省名镇淅川县荆紫关的南方，而另一种更公认的说法是相传西汉末年，王莽篡位，刘秀败逃被穷追至此，见此地山势险要，自忖厄运难以化解，拜佛求仙渴求得到神灵点化，但无应验，便仰天长叹：“难化！难化！”后人以“难”不雅，而用“南”谐音，始称此地为“南化”。

正是有了这个传说，在故乡一直有一个地名沿用至今，它就是位于南化村二、三、四、五组所在地的“汉王城”。小时候，常听爷辈、父辈们讲，相传当年的“汉王城”确有城池，城界东起小柏树，南到范家梁，西至大柏树，北到滔河边。“汉王城”有一奇特现象，就是城池四周都有蚂蚁，而城池内绝无一只蚂蚁存在。传说真实与否，如今已无法考证。而小柏树、大柏树依旧存活着，“汉王城”已建起了大片参差不齐的楼房，倒是有城池的模样。

故乡缘何要在“南化”后面加上一个“塘”字呢？很多人可能认为或猜测这里水塘多，其实并非如此。据郧阳区第一中学退休教师、郧阳文化研究学者邢方贵考证，这“塘”字与水塘无关，而是沿用古代官设驿站名称。

什么是“塘”呢？中国古代在交通要道处设置驿站，中央或地方政府，有紧急公文或军情，则用“六百里加急”“八百里加急”的方式快速传递。信差骑快马奔驰，一百里遇驿站则“换马不换人”，稍作休憩，补充食物饮水立即出发。这样，即使千里之遥，一两天也可送达信息。唐代杜牧的“一骑红尘妃子笑，无人知是荔枝来”，便是讽刺唐明皇假借“八百里加急”为杨贵妃送新鲜荔枝的典故。据史籍记载，春秋战国时期，出现了用于生产和贸易对话的邮驿；秦、汉设驿骑；汉代各地设有传舍供歇宿，每隔 30 里（1 里 = 500 米）设驿一所，并置邮亭；唐代形成了以京都长安为中心，向四方辐射的邮驿网络，宋代每隔 10 里或 20 里设邮铺，有铺卒递送公文，大路设马递铺。

在元朝，驿站被称为“站赤”。中原地区的驿站由兵部管辖，蒙古地区的驿站由通政院管辖。元朝是我国古代驿站最发达的时期，当时的交流范围已及亚欧两洲。驿站的普遍设立加强了全国的政治联系，也便利了全国的交通。

明清军队在驻防地设驿站、关卡。清代兵制，凡千总、把总、外委所统率的绿营兵都称“讯”，又据朱骏声《说文通训定声·坤部》称：“汛，假借为讯。”其驻防巡逻的地区称“汛地”；而“塘”，据《六部成语·兵部·塘兵》：“比汛狭小曰塘，比塘狭小曰铺。”塘讯（汛）因此得命。塘讯中有水塘与旱塘之分，据水路而水塘，扼旱路则旱塘。元明时代开始到清末民初即在驿站建乡建镇，沿袭至今。

正因为“塘”“铺”如此重要，所以历代地方志都要记载当地塘铺。如清康熙丙午年（1666 年）《郧县志》就记载了当时的塘铺，而清同治五年（1866 年）《郧县志》更在卷首所列十五图中专门设置了“塘铺图”（行政建制另有“里保图”），标明全县境的道路、驿站。为方便查阅，图中还以经纬线画出方格，并注明“右塘铺图每格纵横皆三十里，弦斜皆三十七里半”，查阅某两地距离十分方便。

应当说明的是，郧阳区（县）驿站没有“讯”，“铺”最多。规模较大的驿站“塘”只有“南化塘”。原因是故乡在县城东北边陲 120 里之外，又处鄂豫陕三省交界处，不但有陆路通陕西商南、河南淅川，更有流经境内的兆河、滔河可通航到丹江，从丹江汇入汉水后，则可上抵汉中，下达襄阳、武汉。可以说，郧阳府城之外，陆路最大驿站当属东八乡咽喉之地白桑关，郧北地域最大的水旱大码头当属南化塘，故乡驿站为“塘”，名副其实。

查遍十堰市三区四县一市一百三十多个建制乡镇，没有一个带有“塘”字的，而带“铺”“店”的却较多，比如郧阳区的“梅铺镇”“杨溪铺镇”“茶店镇”，郧西县的“店子镇”，房县的“军店镇”等。

五

故乡以前可能是一片大海。现存留的最有说服力的佐证，就是位于化山村熊儿沟山顶上大片裸露在外只有在海边才能见到的形状各异的镂空石。

那片大海距今有多长时间呢？地质专家经过考证后说至少在十亿年前，真够久远。

故乡地势由西、北、东三面向中部和南面倾斜，从空中鸟瞰，犹如农村中常用的“簸箕”，故曾有乡人在其小说中用“簸箕镇”来叙说故乡。

故乡大小山头不下百个，最著名的当属海拔近千米的玉皇山。这座山何时命名不得而知，只是相传祖师爷真武大帝云游到此，见这里风景秀丽，一只雄狮卧于山头，随即降下云光，坐上雄狮头顶，雄狮被压得四脚流水，祖师爷才转去武当山。后玉皇爷到此坐山开坛显灵，命名“玉皇山”。若天气晴朗，站在玉皇山向东眺望，隐隐约约还可望见武当山金顶。

故乡大小河流数十条，在外有一定知名度的当属滔河、兆河、白河、青岩河。

小时候，常听大人们说：“穷滔河，富兆河，不穷不富是白河。”为何有这么一说呢？这又有一个传说：西汉末年，刘秀被王莽追杀，刘秀边逃边要饭，流落到滔河一带。刘秀每到一家要到的都是粗粮，有时连粗粮也要不到，有的人家甚至闭门不见，到了十里长的“黄寺沟”，连一滴水都没有了。刘秀叹气说：“这黄寺沟可真穷啊！”刘秀又来到兆河一带要饭，这里的百姓纷纷送衣送物、贡献白米细面。刘秀分外感激地说：“这个地方可是比滔河好得多，应该重赏！”人们问：“你咋个赏法呢？”刘秀说：“兆河水比滔河水每斤重四两。”

自那以后，“穷滔河，富兆河”的说法便流传开来。

仔细梳理故乡的地名颇有点意思，多以营、庄、湾、沟、山、河、垭、坪等命名，比如江湾、水滴沟、长沟、油榨沟、余粮沟、萝卜沟、娘娘沟、东沟、黄家沟、木耳沟、帽垭、化山坪、杜家河等。而最具特点的是以姓氏为前缀的地名，比如刘家营、肖家营、苏家营、赵家庄、陈家庄、雷家庄、程家庄、杨庄、叶庄、江湾、郑家湾、余家湾、胡家湾、孙家湾、骆家湾、谢家沟、彭家沟、张马沟、黄寺沟、杨家沟、蒋池垭等。

六

对外乡人，先人们最喜欢用“四十八步上天梯，四大营盘八大垭”来介绍故乡。“四十八步上天梯”属于有点夸张的说法，它只是故乡政治、经济、文化中心的南化街滔河岸边，码头至上街头的一段台阶，究竟是三十八阶还是四十八阶，估计没几个人认真数过。南化街以前不叫此名，叫“肖家营”，它是故乡四大营盘之一，其他三个营盘居其左右，分别是如今郑家村的刘家营、西河村的苏家营、关帝村的李家营。

30 年前的南化街，居民的住房多以木屋架、干打垒或土坯墙身、小页青瓦为主，少数家境较好的人家居住的是砖木结构和木板混建的房屋，其结构多为大门居中的“一明两暗半偏厦”，即一间堂屋、两间卧室、半间厨房，特点是背风朝阳，以求冬暖夏凉，富家独院的有一进、二进或三进院落。

而如今的南化街从东边至北边，三屋至十屋不等鳞次栉比的楼房长达 2 千米，居住人口近 2 万人，政府、七站八所、学校、医院、商店、菜场、广场一样不少。滔河、兆河河堤整齐，堤岸杨柳拂拂，其繁华程度不亚于西北一些省份经济欠发达的县城。

“八大垭”分别是位于东、南、西、北、东南、西南、西北、东北八个要塞处的大庙垭、桐树垭、狮子垭、轱辘垭、黄莲垭、木耳垭、杜家垭、王家垭。

七

行走在故乡的大地上，常听到乡党们挂在嘴边的一句话：“我们南化这个地方挺好，不高不低，地震不发，洪水不冲，应评为全国最宜居住的地方之一!”这句朴实的话虽有过誉之处，可也在情理之中。

故乡全境平均海拔在350米左右，最高点陈家寨才1069米，比100千米之外的道教圣地武当山金顶低540多米，其最低点汤梁山脚海拔只有238米，高低相差831米。境内地形复杂，重峦叠嶂、沟壑纵横，气候属亚热带大陆性季风气候，垂直变化明显，具有四季分明、光照充足、降水集中、夏旱突出、冬温高、雪雨少等特点。

故乡雨过就是天晴，晴天就是蓝天白云，而让京、津、冀等地区伤透脑筋又挥之不去的雾霾几乎很少在这里出现。

八

故乡如此风调雨顺，这与它背依的秦岭有关。秦岭如一条巨龙盘踞在中国内陆腹地，被人称为“天下之大阻”，唐朝大诗人李白《蜀道难》中入蜀之道的难逾山岭指的就是它，专家学者尊它为华夏文明的龙脉，誉之为“中华民族的父亲山”。更多的人知道它与淮河流域相连，是中国地理上最重要的南北分界线，也是“秦淮”气候带分界线。

从地域文化角度考证，秦岭又是中国南北方文化、东西部文化交融形成和相互渗透的一个聚合点和交汇点。

秦岭这条山脉，也是亚热带与暖温带的分界线，它把从北方吹来的冷气、风沙挡在北坡，把从南方吹来的暖流挡在南坡。秦岭以北植物以落叶阔叶林为主，土壤富钙质；秦岭以南植被以常绿阔叶林为主，土壤多酸性。站在秦岭山背上，若遇雨天，你会看到雨水一边向北，一边向南。据专家考证，向北的水流汇入了黄河，向南的水流汇入了长江。而在入长江之前，它先分流在南坡下的万千沟壑中，由小溪到小河，由小河到大河。故乡的兆河、白河、青岩河，都是从南坡下的数十条乃至上百条小溪汇聚而成，最后汇入滔河，再由滔河入丹江。丹江在丹江口市融入长江最大的支流汉江，汉江在武汉市的汉口投入长江的怀抱。

正是这种原因，使秦岭南北文化分野，江河分离，南稻北麦、南船北马、南甜北咸。山脉主背偏于北侧，北坡短而山脚陡，河流深切。南坡长而水缓，形成许多东西向的山岭和山间盆地，而故乡正是千百个盆地之一。

独特的地理环境，使故乡的山水具有在方圆近百千米内有别于其他乡镇的独特性。

独特之一，水系众多且水量丰沛，有滔河、兆河、青岩河、白河、鲍鱼河、东溪河等大小河流 30 多条，小溪、小河遍及各村各庄。大小河流、山川峡谷之间溪瀑景观四处可见，山色青翠欲滴，泉水碧流如练。滔、兆两河纵贯故乡全境，故乡四周山峦起伏，群峦叠嶂，沟壑纵横，形成“八山半水一分田，半分道路和庄园”的格局。而滔河这条发源于陕西商南县孤岭山大竹园黑龙沟的河流，是故乡最大的河流，也是全区(县) 继汉江、堵河之后的第三大河。它从商南县赵川入故乡境，仍属河源段，蜿蜒于800米以上两岸高山耸峙的峡谷地带。在南化街，与同样发源于陕西商南县的兆河相汇，流经关帝、化山、江湾、马纵岭至谭山、梅铺等乡镇，而后注入河南淅川县的丹江，丹水最终在丹江口市注入汉江。

独特之二，温泉独具特色。“春寒赐浴华清池，温泉水滑洗凝脂。侍儿扶起娇无力，始是新承恩泽时。”唐代大诗人白居易在《长恨歌》中所写的温泉华清池位于秦岭北麓的西安市，而在秦岭南麓的故乡也有温泉，南化街北边的鲍鱼沟口温泉，是方圆百里范围内极其稀有的旅游资源。这里每天流出的水量高达10000立方米，全年水温恒定在26℃左右。究其原因，是亿万年前，火山与岩浆的运动使得地下水升温，沿地壳裂缝流出后形成一股股温泉水。这份大自然的馈赠，给源于非洲的一种鱼找到了最适合生存的家，这种鱼已被乡党们命名为“罗非鱼”。舒明是南化村村民，15年前她承包了几个鱼池，每年出鱼5000多斤，收入5万多元。像舒明这样的养殖户已达20多家，他们每年出鱼高达数万斤，远销河南淅川、陕西商南及十堰市各地。

独特之三，景点密布且品位高。在整个十堰市55处星级旅游景点中，5A级只有武当山旅游风景区。4A级15处，郧阳区只有1处，这就是大柳乡与南化塘镇共同拥有的九龙瀑布旅游风景区。3A级39处，郧阳区有5处，其中一处为位于故乡的仙女洞、龙吟峡旅游风景区。

先来说说群山之中的九龙瀑布旅游风景区。景区从下到上长达3千米的九个瀑布群盘旋飞挂，凌空而降，气势雄伟。春天时节，山花烂漫，瀑布宛如珍珠幕帘；夏天雨季，满目苍翠，瀑布犹如巨龙游走；秋季时分，红叶满山，瀑布清幽怡人；冬来降雪，银装素裹，冰瀑垂悬，晶莹剔透。身临其境，仿佛进入天仙梦境一般，被游客称为“楚天第一梦境”。除瀑、潭胜景之外，景区还有众多其他自然资源。沿峡谷两岸的山地，林深叶茂，植被覆盖率在90%以上。众多的亚热带树种，形成了一个天然植物园，给野生动物创造了良好的栖息环境。除九龙瀑布群景观外，还有百年青苔壁、千年钙化池、万年石结核，都是难得一见的奇观，“楚天第一瀑”实至名归。

位于古墓沟、东溪沟的仙女洞、龙吟峡旅游风景区，沿环形旅游路线依次排开形成四大景点。第一景点以千佛洞为中心，共三洞三庙，暗合阴阳，灵怪逼真。第二景点为天然溶洞群，以仙女洞和雷洞为主体，三峰十八洞，虚实相生，曲折幽秘。暴雨过后，雷洞中雾气被风洞吸衔，百米雾桥堪称一大奇观。第三景点为绿色画廊，有花蝶谷、紫竹林等人间仙境，蜂蝶戏人，林竹幽静，古藤奇趣，蛇溪逶迤，是情侣宾朋难得的踏青避暑之境。第四景点为龙吟峡惊险段，有佛爷岩、秋千岩、龙头岩、珍珠岩、一线天、日月潭等胜景，或险，或奇，或纯，景景都是天地之精华。龙吟峡山峦叠翠，怪石林立，鸟语花香，古藤随手可及，其美姿风韵，令人心旷神怡。无怪乎国家旅游局王洪宾教授称其为十堰最有吸引力的一大胜景，叹服它“景美赛三峡，水清胜漓江”。这是一个兼具“山雄、水秀、石奇、洞幽”的旅游风景胜地。

在故乡漫步，还有许多诸如位于南化街的烈士亭、关帝村的香炉山、青岩村的“红旗渠”、罗堰村的拴马桩、寺泉村的乌龙芝洞、磊石河村的磊石、三道梁村的过风楼，都是值得一看的好去处、好景点。

九

故乡也有许多难言的苦涩和隐痛。乡党们心中清楚，别说与全国一些交通便利、经济发达的乡镇相比，就是与十堰市郧阳区其他乡镇比较，南化塘镇也显得不足，高速公路、国道、省道都是擦境而过，进出镇的道路全是上高山下大坡且弯道众多的县道。境内没有石油、天然气，也没有金矿、银矿、煤矿、绿松石矿，少有的几座含铁的矿山也属含量极低的贫矿。没有央企或省市区级大企业落户，自办的大小百家民营企业，没有一家人数过百、产值过千万的企业。全镇半数以上的成年人，70%以上的青壮年为求生存谋发展，离乡离土、外出打工，酸甜苦辣只有自知。

干旱、冰雹时常发生；连阴雨几乎每年都有，以春、秋季居多，常伴随着低温，因降水量大，常造成秋汛和秋涝。全郧阳区共有两个暴雨中心：一个是位于北部的鲍峡镇，另一个就是位于故乡南化街至江湾近10千米地带。

1975年8月8日，鲍峡镇日降雨量为300毫米，故乡达366毫米，造成房屋倒塌多间，死伤多人，牲畜、农作物损失严重。耗时几年，耗费大量人力、物力、财力修建的滔河、兆河大堤，顷刻间被冲毁。那一年我7岁，40多年过去，当时洪水肆虐及洪水过后的惨烈景象犹如昨天，终生难忘。好在这只是百年一遇的突发灾难，但愿永远不再发生。

第二章　乡　　志

盛世修志，以史为镜。故乡南化塘镇，历史悠久，文化灿烂，在那方国林立的远古，这里先后属于庸国、麇国，参加过牧野誓师，为周武王伐纣立下不世之功。秦始皇横扫六合，一统天下后，在漫长的封建社会发展史上，故乡都留下了闪光的足迹。特别是明朝中叶，设立郧阳抚治，辖8府9州65县，为安抚流民、长治久安，做出了应有贡献。辛亥革命，故乡的人们加入了推翻帝制的行列，土地革命，抗日战争，解放战争，他们苦斗奋战，贡献力量。中华人民共和国成立，昔日的穷乡僻壤，变成富饶的边贸大镇。于是我萌发了为故乡修镇志的心愿，历时数年，终如愿以偿。

一

郧本乡名，置关于乡，曰“郧关”。

郧在夏时，为豫州之西城。商时，武王联合庸、卢、濮、蜀、羌、微、彭等诸方国伐纣。西南境内有堵河，古称“庸水”，属庸国辖地。西周时期为周的疆域。春秋时，楚子伐麇，至于钖穴（今五峰辖地），故为麇国故地。后楚师灭麇国、绞国，郧阳境地遂属于楚，楚以其都城“钖穴”之名，改制设为“钖县”。

二

秦昭王二十七年（前280年），秦攻楚汉北地入上庸，上庸辖地遂属于秦。秦统一六国后，钖县隶属益州汉中郡。汉承秦制，钖属益州汉中郡，境内置长利县。西汉长利有“郧关”，与钖并属汉中郡。东汉建武六年（30 年），长利并入钖县，仍属汉中郡。三国时，属魏兴郡。魏在钖立堵阳县（今县西 25 千米处韩家洲）。晋太康四年（283 年）钖县复置长利县。太康五年（284 年），改长利县为郧乡县，属魏兴郡，县境内魏兴郡的郧乡县属地隶荆州。南朝，郧乡县属梁州魏兴郡。齐时，分魏兴郡，东境属上庸，郡北境置齐兴郡，又分郧乡县置齐兴县，为齐兴郡治，在县境为齐兴、郧乡二县，属梁州。梁太清元年（547 年），于梁州齐兴郡置兴州，改齐兴郡为南始平郡，后复改为齐兴。郧乡为兴州及齐兴郡治所。又置郧州，所领郡县无考。西魏改梁兴州为丰州。

三

隋废广福郡，改广福县为安福县，与郧乡县同属豫州淅阳郡。唐武德元年（618 年），置南丰州，领郧乡、安福、堵阳三县。堵阳当分郧乡置，又分郧乡县置长利县（在今郧西县境）。武德八年（625 年）废南丰州，以郧乡、堵阳、安福属均州。唐贞观二年（628 年），省堵阳、安福二县入郧乡，并省长利入郧乡，废均州，以郧乡县属淅州。贞观八年（634 年），废淅州复置均州。郧乡县属均州。唐天宝元年（742 年），改均州为武当郡。唐乾元元年（758 年）复为均州，隶山南东道。宋时，郧乡仍属均州武当郡。宋末省上津县入郧乡。元至元十四年（1277 年），郧乡县改称郧县，属均州。

四

明太祖（朱元璋）于1368年推翻元朝统治，建立明王朝，年号洪武。明初承元制。洪武九年（1376年）改元中书省为承宣布政使司，郧阳区（郧县）隶属湖广布政使司襄阳府均州。成化十二年（1476年），为就地安置来此谋生的流民，经成化帝批准设郧阳府，辖七县。郧阳区（郧县）属郧阳府，属下荆南道。

次年，为协调鄂豫川陕四省毗连地域流民的安置与管理，置湖广行都司（郧阳抚台）。郧阳抚台最盛时抚治相邻四省的荆州、安陆、襄阳、郧阳、南阳、西安、汉中、夔州八府及夷陵州、归州、荆州、均州、裕州、邓州、商州、金州、宁羌州九州；八府九州下辖今监利县、巴东县、潜江市、荆门市、天门市、淅川县、安康市、谷城县、老河口市、保康县、丹江口市、郧阳区、郧西县、房县、竹山县、竹溪县等县市区。

五

明朝在郧阳置郧阳府署、行都司、郧阳卫所、大理公署、布政分司、按察分司、巡抚公署等军政司法、文化机构。这些机构秉承朝廷意旨，镇压农民起义、奖励垦荒、移民屯田、兴修水利、提高农业技术、创办教育等，使当地社会发展进入一个前所未有的新阶段。

明朝末期政治腐败、官吏贪污成风，连年用兵，加之天灾频仍，以至民穷财尽，赋税大增，社会动荡，饥民、饥兵、叛军和被裁驿卒纷纷起义与朝廷官军对抗。崇祯二年（1629年），三边饥军、驿站驿卒起义，同年李自成率银川驿卒和饥民起义。崇祯三年（1630年），张献忠在陕西省米脂起义，居十八寨，自称八大王。朝廷调派官军进剿而越剿越旺。到崇祯四年（1631年）各地起义军共有36营，20余万众。崇祯六年（1633年）十一月，黄河冰合，陕北农民起义军在高迎祥、李自成、张献忠等的率领下，乘机渡过黄河南进，官军无可阻挡。起义军跨过黄河，进入豫西后，兵分两路：一路向西进入陕西；一路向南，进入郧阳等鄂西北地区。当年腊月二十二日，张献忠部农民起义军百余人扮成香客进入郧西城做内应，第二天大批起义军攻入城内，抓获知县，打开监狱，释放囚徒，开仓济贫。当月二十五日破上津，随后入郧阳，占竹溪，下竹山，破保康，郧阳府所属州县除郧阳府外，均被起义军占领。

崇祯十五年（1642年）冬，李自成攻克襄阳，自称新顺王。当年三月派遣黑皂营数万围郧阳城月余。九月，又遣路应标、冯养珠围攻郧阳府。崇祯十六年（1643年）春，路应标、冯养珠攻郧阳府十余日，不克，退驻杨溪铺。崇祯十七年（1644年）正月，又以3万人攻郧阳府，高斗枢派人入均州烧毁起义军蓄积的粮草，起义军缺粮撤离郧阳府。同月，李自成攻占西安，建立大顺政权，年号永昌。同年三月十八日，李自成率部攻入京城，明帝朱由检自缢，十九日攻下皇城。农民起义军历经十几年的艰苦征战，推翻了延续270多年的明王朝。

六

清朝初期，沿袭明制，湖北属湖广布政司，郧阳抚治犹存。康熙三年（1664年），湖广设湖北和湖南两省，省下设道。襄阳府和郧阳府均隶属湖北布政司的安襄郧荆道。郧阳府辖郧县、郧西县、竹溪县、竹山县、房县、保康县六县。

康熙八年（1669 年）停郧阳抚治，削减郧阳驻军。十三年（1674 年）命兵部佟国瑶为提督总兵驻郧，至十五年（1676 年）五月，复设郧阳抚治。十九年（1680 年）郧阳抚治以圣命裁撤，郧阳抚治到此终局。

七

辛亥革命后，北洋军阀政府采用省、道、县三级行政管理体制，郧阳府作为一级政权机构不复存在。郧县国民政府于 1913 年成立，隶属襄阳道，后属湖北省第十一行政督察专员公署。民国初，县以下基层政权沿清制。1930 年《组织法》规定，县以下分为区、乡（镇），乡（镇）以下设闾、邻。区属县政府派出机关，乡（镇）属县以下的政权机关。1932 年《剿匪区内各县编查保甲户口条例》颁布，直至 1934 年在全国推行。该条例规定县下设区，区派区长、指导员，区下设保甲，保设保长，每保辖 10 甲，甲设甲长，每甲辖 10 户，户设户长，由家长充任。户籍编审和管理涉及千家万户，这是民国时期采用保甲制度作为基层政治制度的第一要务，经过户籍编审，实行各户互相监视和互相告发的连坐法。

1934 年，郧阳由第十一区改为第八区，隶属湖北省第八行政督察专员公署。

1947 年 12 月 30 日，中国人民解放军陈（赓）谢（富治）兵团四纵十二旅兵不血刃解放郧阳城，郧阳成为湖北省境内较早解放的县之一，属豫陕鄂第四专署，1948 年 1 月 1 日，中共郧县县委、郧县人民民主政府在城关镇察院巷成立，隶属豫陕鄂四地委。1949年划归郧阳专区。1952年12月，郧阳专区撤销，并入襄阳专区。13年后，即1965年7月，又恢复郧阳专区建制。

八

南化塘镇基本上是在“母亲”郧阳区（郧县）的庇佑下成长。然而，其成长过程也并非一帆风顺，仅从1912年到2014年一百多年时间里，故乡行政区划变迁就可窥见一斑。

1912年，故乡属南化乡公所。1934年，与刘家洞合并为四区。不久，又从刘家洞区分设为南化区，即八区，区公所驻南化街。仅一年时间不到，1935年，全县又合并为四个区署，分驻黄龙滩镇、十堰镇、白桑关镇、南化塘镇。1940年，全县四个区署又合并为两个指导区和县府直辖乡镇，雷峰垭以北所有乡镇，即如今的白桑关镇、梅铺镇、谭山镇、刘洞镇、白浪镇及南化塘镇六个乡镇全归南化指导区管辖，直到1947年年底，时间长达8年。1949年1月19日，南化正式宣布解放，新成立的郧县人民民主政府将其设为四区。1949年5月，改称南化区，1956年2月与刘洞区合并为南化区，1958年9月，更名为踊跃人民公社，1961年6月重新恢复为南化区。1975年3月撤销南化区，改为区级南化人民公社。

1984年6月恢复南化区，将所辖的四个片改为长新、西河、鲍鱼、江湾、郑家五个乡和一个镇（南化塘镇）。1987年9月，南化区改为南化塘镇，辖五个管理区。2001年4月，南化塘镇与原黄柿乡合并仍称南化塘镇，区域面积由260平方千米增至417平方千米，一跃成为全县除城关镇外最大的乡镇，在整个十堰市排名位列前三。2002 年，全镇进行村组合并，由四十二个村（场）缩减为二十八个村（场）。

九

2014 年 9 月 9 日，国务院正式批复将“郧县”撤销，设立为十堰市管辖的“郧阳区”，故乡随之整体划转并入十堰市城区，名称由“郧县南化塘镇”更名为“郧阳区南化塘镇”。

故乡由乡公所到区，由撤区并社、撤社建乡到恢复区署，由区到公社最后又由公社到镇，百年时间，名称变更至少在十次以上。

自从盘古开天地，三皇五帝到如今，不管是正史记载，还是寻根问祖，南化塘镇没有出过王侯将相，也没有才子佳人闻名于世，也不如紧邻的“中国历史文化名镇”河南省淅川县荆紫关镇名气大，更没有像郧西县上津镇那样两次建州、七次设郡、十四次立县的辉煌历史，而这些并没有影响故乡众生的世代繁衍生息。

第三章　乡　　邻

海内存知己，天涯若比邻。这句诗，用于我的故乡十分贴切，只不过比邻不在天涯，而是同居一镇。故乡原本榛莽之地，多见树木，少见人烟，后来却变成人口近6万的大镇。究其原因，是大量来自五湖四海的移民在此定居，百代共生共荣。据考，故乡人口组成为陕西之民占四，江西之民占三，山东、河南之民占一，土著占二。纵观历史，中原地区，战乱不断，兵燹成灾，人口锐减，移民补耕，遂成国策。陕西和江西，远离中原，人口繁盛，是迁移的重要民源，加上附近的河南、山东移民，融入本地，虽然性格迥异，“楚之轻剽，秦之强悍兼而有之”，但是同居一乡，共饮一水，相亲相爱，互帮互助，和谐共处，组成了一个兴旺发达的大家庭。

一

一个地方的人口分布宏观格局，总是受到各种自然、经济、社会等综合因素的影响。

秦王嬴政统一六国后，把六国富豪及贵族12万户强制迁移到咸阳、秦巴山地和南阳一带。作为楚国官族的郧公，也因此被迁移到秦巴山区的汉水流域。

随着朝代兴衰更替，故乡的人口也是忽多忽少，最低量出现在元末明初。史料是这样记载的：元末农民大起义时，郧阳山区是红巾军的一个重要根据地。朱元璋起义之初投奔的是红巾军，但当他势力壮大，直至推翻元朝建立明王朝后，即命征戍将军邓愈消灭了郧阳山区的红巾军余部，把郧阳山区列为全国最大的封禁山区，并在全国实行里甲制和关津制。里甲制即10户为一甲，100户为一里。里、甲设里长、甲长，里甲内的人要互相知保，不得流徙和隐藏户口。关津制是于全国关津设巡检司盘查行人，没有政府颁发的“路引”即通行证不准放行。这些政策意在严格控制人民，将人民牢牢束缚在故土，屈从于地主和封建国家的统治，不能离开乡土一步。

朱元璋“空其地，禁民不得入”的封禁政策，使郧阳山区数千年繁衍积聚的人口被驱遣而大量流失，也使郧阳山区与世隔绝，逐步闭塞而难以与时俱进。

明中叶，朝政日趋腐败。一方面，官吏、地方豪强竞相鲸吞农民土地和军户屯田，并隐瞒所占田亩数、户口数，致使中央财政收入锐减。另一方面，中央财政的支出却呈几何级数急剧膨胀，军费开支、皇族开支剧增。到明中叶后，中央财政的年收入，用以开支上述两项中的任何一项都远远不够。

在这种情况下，明政府转嫁经济危机于农民，无限制地增加赋税徭役。农民在这种疯狂兼并、繁重赋税的叠加盘剥摧残下，失去土地，衣不蔽体，食不果腹，更多的农民不得已只好背井离乡，沦为流民。当时大批流民的逃亡方向，自然是地僻人稀、官禁松弛的偏远山区。

像故乡所在地郧阳山区自然成为流民向往的“乐土”。经过百年封禁，郧阳山区林木茂盛，有大片废弃或未开垦的良田沃土，为流民的生存提供了得天独厚的条件。汉水及其支流分布，历代开通的驿道并未全部荒废，流民来此，入则可进山大人稀土沃的山林地带；出则沿驿道、水流至秦蜀、荆襄、商洛。自古及今，州县交界地区每遇事端，相邻地区的地方长官多会相互推诿，造成这些交界地区的封建统治松弛、薄弱，最利于逃亡者或造反者于此安身立命。至明宪宗成化二年（1466年），到郧阳山区的流民高达150万人以上，过着不纳税、不服徭役的自由生活。

民聚则商必至，各地商人也携资来此，开矿伐木，兴办作坊，从事商品生产。封禁百年的郧阳山区，自此为大批流民所开发，日益繁荣，成为明中叶腐败政治下的一方净土，也成为各省流民的一方乐土。

百万流民聚集郧阳，一则打乱了封建统治秩序，二则百万之众不纳税完粮，亦给寅吃卯粮、捉襟见肘的明中央经济造成重大损失。为此，明政府重申禁令，采取驱回原籍、就地附籍"编甲互保"相结合的政策，试图把流民重新束缚在封建桎梏之下，纳粮当差。但多数流民为求生存不听从遣返，明政府对不听从者"主犯处死，户下编发充军"。

这种高压政策使百万流民的最后一线生机被断绝，绝望的流民积压在心头的怒火如火山爆发般迸射出来。天顺八年（1464 年）郧阳流民在刘通（也称"刘千斤"）、石龙（也称"石和尚"）领导下起义，组建农民政权。各地流民云起响应，影响波及襄阳、河南邓州、陕西汉中等地。明王朝统治者大为震惊，工部尚书白圭、抚宁伯朱永率大军镇压，对郧阳流民进行了惨无人道的大规模屠杀。

明成化十二年（1476 年），中央政府对驱而复至的流民束手无策，只好听从文官的建议，为安置流民，在傍汉江的郧县城设置郧阳府及湖广行都司（郧阳抚台）。湖广行都司所辖之境，不仅领属郧阳府、襄阳府、荆州府，还跨越鄂、豫、川、陕四省毗连之地，连天下闻名的西安府都归之统辖，其相当于今日一个中等省的辖域。

郧阳府的开设，是千百万流民数十年流血斗争换来的，它不仅使百万流民争得了生存的权利与环境，更为 15 世纪中后期的郧阳地区争得了开拓发展的重要契机。

二

清军入关后，郧阳农民军以反明转为联明抗清。郧阳义军在李自成余部郝摇旗、刘体纯、袁宗第等将领的率领组织下，数十营虎踞川陕，经常给清军以沉重打击。清王朝统治稳定后，吸取前朝教训，对人民做出一定让步，采取了“盛世滋生人丁，永不增加赋税”的优抚政策，鼓励农民垦田种地，力谋百姓丰衣足食。

康熙、雍正、乾隆三代的盛世，为郧阳地区的发展与繁荣创造了又一次重要契机，也再一次吸引了南方富庶省区的人来郧发展，北方贫瘠地区的人来郧谋生。

清代 260 余年间，全国各地有大批人家迁徙于郧，他们多是在清代乾隆、嘉庆、道光、咸丰、同治年间来郧圈地开荒或经商的。有的是一次性迁郧，有的是一迁再迁辗转迁郧的。如前所述，明代是以流民形式成批涌入郧阳山区，流民群动辄以百、千、万人计数；而清代移民是分散的，以渐进方式进入郧阳地区的。明代流民进入郧阳山区主要是因为在原籍失去土地，赋役繁重，无法生存；而清代徙入郧阳的各地移民主要是来此求发展。

顺治年间，清廷从东北调 2000 余八旗兵到郧县驻防，后有为数不多的八旗兵及家属定居郧县，被郧县人称为旗人，因各方原因，后改用汉族姓氏“关、金、王”。

另一个没为志书所载的史实是：清中后叶及民国时期，郧阳虽有白莲教义军活动，被太平天国运动波及，但郧阳作为鄂、豫、陕三省毗邻地区的重要水陆码头和商品集散地，其经济发展、人文优势已成定势，盛名远播邻近诸省。因此，外省外地来郧经商求发展者依然络绎不绝。而北方的山东、山西、陕西、河北、河南各省，每遇天灾或战乱，或单帮，或结伙，或携全家老少逃奔郧阳求生。这种近代向郧阳的流徙，尤以河南、陕西、山西人居多。

三

依据南化派出所官方数据显示，乡党姓氏过百，分布在28个村的大村小庄。每个村姓氏的数量多少不一，最少的不低于十个，最多的高达四五十个，每个村每个姓氏的数量也都不一，就拿位居前三的村来说吧：南化村为张、王、李，郑家村为杨、朱、李，青岩村为谢、周、吴，化山村为李、卢、谢，江湾村为吕、张、杨，大坪村为王、闫、何，长新村为孙、焦、杨，大桑村为吴、邓、张，谢家沟村为谢、兰、时。

乡党究竟是从何而来的呢？姑且先从我们赵家说起。在郧阳，赵氏分先辈以捕鱼为生的“河赵”和以农耕为生的“山赵”。“河赵”主要分布在杨溪铺镇至安阳镇一带，而故乡只有少部分“河赵”，绝大多数都是“山赵”后裔。同是“山赵”后裔，也不完全同祖。我家是故乡“山赵”后裔中最大的一支，经反复考证，先祖先是从山西大槐树迁至陕西华阴今华山脚下，后又迁至商南县赵川镇赵家台，两百多年前其中一兄弟迁到南化。现这一支大多居住在南化村、关帝村、西河村、郑家村，人口估计在500人以上，也称得上人丁兴旺。

而居住在西河村一组的岳父黄富华家族来自湖北黄州，祖辈相传是为逃难，有“鸡不叫狗不咬，半夜起来黄州佬”的佐证。其他姓氏人家都是腊月二十三晚上过小年，腊月三十中午过大年，而他们至今仍是腊月二十四晚上过小年，腊月三十早晨过大年。

居住在郑家湾村朱氏家族的先人，在明太祖洪武年间先从山西洪洞县大槐树迁到河南省淅川县寺湾乡，后又迁入故乡，除大部分居住在郑家湾外，还有的居住在鲍鱼、白河、西河、袁化，甚至遍及全国各地。据不完全统计，仅在故乡境内已达数百户，人口 4000 余人。

现供职于郧阳中学的老同学丁仕国家族于明初从江苏太湖一带经河南逐步迁至南化塘镇，20 世纪末，江苏老家还有人来此续谱。

楼房沟村、长新村等地焦氏人家，其先人在清朝乾隆年间，从安徽省太平县迁往潜山（今安徽省安庆市岳西县天堂镇）居住，后又历经磨难沿长江逆流而上进入汉江，迁徙到现居住地一带安家立业，开荒辟地，勤耕劳作。而居住在鲍鱼沟周家铺、黄土堡的周家与郑家湾的周家，则是由其先人周润南（1736—1808 年）在 200 多年前从咸宁蒲圻（今赤壁市）迁入南化塘镇。而周润南的先辈又在 400 多年前由江西迁入咸宁。家谱中详记周润南，字周遂，从蒲圻迁居于此的因由是读书入仕官封九品，由郧县派驻此地，死后葬于此。如今，他的后人除外迁到新疆、四川、陕西、河南外，仅留在南化塘镇的后辈子孙已多达 500 多人。

居住在寺泉村的郭家，传说弟兄三人从山西洪洞大槐树来，因聚居一处衣食不足，就将一口锅摔成三块，弟兄三人各执一块以作为同宗凭证。这种一家人砸锅为凭证分居各处的说法，在移民中广为流传。

居住在三道梁村的张家后人，其先辈原为河南人，因受当地财主常年欺压，一怒之下将其杀死后，遭官府通缉携家人逃到此地，其后人丁兴旺，现至少在 400 人以上。

故乡人中还有明初明成祖下令扩建武当山时，常年驻郧阳山区采石伐木者及其家眷的后裔。大桑树村刘姓于陕西迁来，其刘姓古碑称：

“公原籍陕大槐树刘家堡是也，明永乐间迁于郧之大桑树……”（因修建武当山被征来郧）此碑估计为后人追立，故具体年月语焉不详，也无“派语”流传。

四

故乡由于其特殊的地理位置及周边环境，在冷兵器时代，战略位置十分重要。但也正因其重要到为兵家之必争，所以灾难也格外深重。

流民啸聚，官兵剿杀；义军树旗，王侯镇压……百姓在无数次的兵燹灾变、号呼辗转之中，求生尚且艰难，有多少人家能代代记清家族渊源并传于子孙，自家先辈从何而来，在故乡传承了多少辈，几乎所有的祖辈变迁史大多只是口传于后人。但这种口诵而非笔录的谱系，往往记读音而未考字义，错讹难免。有的也许在无数次剿杀灾变中，不及口授后人而知之者已死。能以表谱形式记载一个以血缘关系为主体的家族世系繁衍和重要人物事迹的家谱的人家更是少之又少，许多早已永远湮没在历史的遗憾之中。再赶上后来的破“四旧”等，更鲜有留存者。

少之又少但也不是绝对没有。居住在关帝村八组的王西禄，就提供了六本续于清康熙年间的家谱，书中记载他们祖辈是从江苏太仓逃难，历经多地辗转最终居住于此。鲜为人知的是他们这一支的王家与居住在码头村的曹家原本并无关联，若干年前两家后人通过对照族谱才发现，自己的先祖原来是兄弟。从此后两家便有往来，按各自家谱中的排行称爷称叔称孙，婚丧嫁娶红白喜事互通互报、互帮互助。

五

封建时代续谱用于记载族人排行的“派语”，都有一定寓意，或祝祷希冀，或歌颂勉励等，而不是一堆毫无逻辑联系的汉字堆砌，如“成名扬四海，必定中魁元”“和顺家道昌，如天有瑞光”等。我的先祖、宋朝开国皇帝赵匡胤家世的派语就是一副对仗工整的对联：“匡德惟从世令子，伯师希与孟由宜。”在内容上寄托了赵匡胤对其子孙的希冀与厚望：上联是说只有顺从正道，才能世世代代出好儿子；下联则希望后人都能拜孟子那样的名师，走孟子所倡导的追求大义的道路。

在故乡，同姓氏但并不同宗同派最为居多，各有不同的传世派语。郑家湾村朱氏家族的派语为：“都起行德朝，锦保焕兰尧，国正天理顺，华青贵建治，万新生培景，葆法明国安。”而居住在西河村的朱家与他们却无关联，其先人是明朝因避倭寇从江苏太湖县迁入，其宗派语为：“国土能励志，兴家定有光。庆必贤良悌，生成遂大昌。祖宗思则远，世代永吉祥。”

也有同姓同宗同派语，因分居各地而互不认识。造成这种现象的原因有两种：一是几支同姓同宗人不同年代从不同地域迁入，所以互不认识；二是一支迁入后，因居住地条件局限发展或同族矛盾，其中一支分支迁出，年代久远互不联系导致若干年后相互陌如路人。南化村范家梁、范金浮、范金勇家族，关帝村范金成家族，谭山镇范山家族，与杨溪铺镇范家沟，城关镇大堰村，茶店镇，鲍峡镇，青山镇，大柳乡等地范家基本上是同宗同祖。向上追溯，他们的祖辈从山西洪洞迁徙至这些地方至少有四百多年，有其宗祖范满碑文为证：“我始祖自明朝年间，由山西洪洞县兄弟三人，一迁于竹山、一迁淅川，此一安居郧府东乡。迄今世无谱序至九族不亲若亲。始祖为杳然，岂不痛哉。孙今幸到国举履墓，生不双腿延访谱，细垂家谱，暂约近族敬勒碑文，以志始祖于不湮灭云。（皇清嘉庆十二年十月同立）”

清朝嘉庆十二年（1807年）距今已有200多年。这类记载迁入状况的古墓碑，在深山林莽间还存有不少，因为外地迁郧者虽安家于此，但难忘故土及列祖列宗，故往往刻墓碑，以告在郧后人饮水思源，不忘根本。可惜大多湮没于荒野蔓草间，无人问津，若仔细追索勘查，则必可获得更多乡党宝贵、翔实的资料。

鲍鱼沟周家铺、黄土堡、温泉的周家后人，已与咸宁赤壁市周家同宗联系上，并共同重续了新派语。

时至今日，复兴宗族文化在故乡已渐成潮流。修族谱、建祠堂，让那些同宗同族的人忙得不亦乐乎。他们多是当地热心公益事业，较有威望的人，许多老干部、退休教师也参与其中，或已修成家谱，或把修家谱作为他们未尽的使命。

焦氏后裔始终没有放弃寻根归祖的夙愿。早在民国时期，焦氏先辈，有恒、有川、庆珍等族人便准备寻根归祖、续修家谱之事，已做好了祖墓清理绘图、族人登记造册的工作，未果。一直到2014年8月3日，焦氏后人祖平、宗昌、宗波、宗刚一行前往安徽黄山太平焦村寻根问祖，并为之作出了很大的努力，希望能够进入安徽黄山太平仙源焦氏宗谱。终因时间有限，未能加入祖籍焦氏宗谱，实为憾事。

现如今，族谱如何排字号也不会对族人的实际生活造成影响，事实上，这也是今日家谱遭遇的一个困境。正是这个原因，那些没有按族谱取名的孩子们在族人修谱记入家谱时不得不另取一个谱名。

故乡乡党大多数都是汉族，也有其他诸如回族等少数民族。目前回族居住最集中、人数最多的当属马纵岭村的磊石山和磨子沟，主要有马、计、姬、魏四个姓氏。

六

正因为正式家谱或毁或失，口传的家世渊源及派语毕竟没有文字记载的家谱详明准确。行走在故乡的大小村庄，随口询问成人尤其是老人，问及先辈来自何处，几乎很难听到有人说他们祖祖辈辈都居住在这里，答案五花八门。有说来自江西、江苏的，有说来自河南、河北、四川、湖南的。这些答案有些是祖辈相沿这么说而传下来的，有些则可能是穿凿附会，道听途说。

大多数乡党对祖居语焉不详，乡间故事里，搜集散碎信息，大槐树提及率极高，如前述的居住寺泉村的郭家就从山西洪洞大槐树来，后将一口锅摔成三块，弟兄三人各执一块作为同宗凭证。

砸锅为凭证分居各处的说法，在移民中流传甚广，更多的说来自山西洪洞县大槐树。各种说法都聚焦于山西大槐树，但没有也不能换来我的笃信。

好在我的母校郧阳区第一中学老师、郧阳文化研究者邢方贵对此有专门研究。他在其专著《郧县人自何而来》中是这样表述的：大约从宋金时期始，历代的封建统治者在战乱后为了充实灾区人口，发展生产，往往从山西省向各地移民。为什么会如此呢？原来山西南部是中华民族的发祥地之一。据史家考证，尧建都平阳（今临汾市），舜建都蒲板（今永济市），禹建都安邑（今运城市）。尧、舜、禹于当地的经营发展，使山西南部成为当时中华民族的政治、经济、文化中心，并由此逐渐形成了以晋南为中心，通向四域的道路。到了殷商和西周时期，晋南失去了政治中心的地位，但仍然是全国政治、军事活动频繁和经济较发达的地区。春秋五霸，山西的晋文公居其一；战国七雄，晋地有三（韩、魏、赵）。诸侯间的政治、经济往来，兼并战争的反复，商业活动的兴盛等，都使山西成为“表里河山，经略中原”的要地。而宋末到清初的五六百年间，江、淮、河、汉地区战乱频仍，而山西却由于太行山、黄河的屏蔽阻隔，战祸罕及，天灾也相对较少，故人口增殖迅速。但在封建社会落后的农耕经济生产条件下，山西有限的自然条件难以承载过多的人口，使山西成为历代统治者移民的主要来源与发遣地。

据史料记载，山西移民始于金初天辅年间（1117—1122 年），延续到清代乾隆时期（1736—1795 年），历经金、元、明、清四朝，时间跨度达 600 余年，移民次数在 20 次左右。规模最大的是明朝洪武年间，移民 10 次，移民量达 80 万人以上。这些移民大部分来自太原、平阳等府县。移民的姓氏，几乎涵盖了北方常见的张、李、王、赵、马等 100 多个姓氏。他们主要流向黄河流域，而后辗转迁徙，散播神州，甚至走向海外。但千流万转，经番历劫，他们魂牵梦萦的是心中那神圣的“根”——山西洪洞大槐树！

元朝末年，各地反对元朝统治的农民起义不断。由于烽火连千里，死于战乱者以千百万计，中原及西北人口锐减，田园荒芜，荒凉凄惨状，史所罕见。《明太祖实录》记载为大量土地因“积骸成丘，居民鲜少”而“人力不至，久致荒芜”。

偏居于太行山以西的山西省此际却很少受到战争的侵扰。驻守山西的元朝名将察罕帖木儿治理有方，注重畜牧业与农业，加上风调雨顺，连年丰收，人口迅速增长。朱元璋建立明王朝后，为尽快恢复中原地区的农业生产，决定从人口密度大的山西省向中原地区移民以解决劳动力不足的问题。后明永乐帝计划迁都北京，也从山西迁移大批人口到北京。明代先后从山西移民 10 次，分别迁往现河北、河南、山东、江苏、北京等地。

位于山西省南部的洪洞县是当时的移民重点。而洪洞县广济寺的大槐树下，是移民外迁的集合点。明初大移民时，于洪洞县广济寺设“移民局”，驻有中央及省、县官员，监督集中移民，编排队伍，发“凭照川资”，然后押往移送地。每次移民，几乎都在秋后进行。移民回顾故乡，秋风萧瑟，四野苍茫，古槐兀立，鸦鸣阵阵……这离别故乡前的最后一幕，使移民终生难忘，并世代相传。山西洪洞大槐树被永远铭记在子子孙孙的心中。

山西洪洞大槐树移民之事影响如此之大，使普天之下的移民多自称来自大槐树，故乡人也是如此。但明初山西洪洞大移民，却与郧阳无关，因为朱元璋已经把郧阳山区列为全国最大的封禁区。

故乡持“自山西洪洞大槐树迁来”之说者，大多是口口相传，没有家谱、祠堂碑、墓碑之类的实证，也说不出原籍具体的县、乡、村、保，只有一个模糊的“山西洪洞大槐树”。

众多持“自山西洪洞大槐树迁来”之说者，为什么说不清自己山西祖籍具体的府、州、县、乡、村呢？据分析，原因有四：一是元朝政府把人分为四等，汉人常受到蒙古人欺凌，元末明初汉人奋起反抗，明初的蒙古族人因元朝灭亡而被迫逃离原居地，在被问及祖籍时，他们自然不敢说“蒙古”，只好借用流行的“自山西洪洞大槐树迁来”之说来搪塞。久而久之，他们汉化的子孙不明就里，也就代代沿袭此说。二是罪犯及家族除籍者不好说出原籍，也借用“自山西洪洞大槐树迁来”之说来搪塞。封建时代政府常将犯罪者（多为抗捐税或反抗暴政者）甚至其家属成批迁出服刑，如永乐元年（1403 年）八月，“发流罪以下垦北京田”。而永乐皇帝大修武当山时，也曾把 500 罪户发配武当山下；封建时代家规甚严，对谋逆、大不孝，男子为盗、为优（唱戏的），女子为娼者，一概从家谱中除籍，甚至逐出家门。这两种人即使后代子孙发达了，也不好说出原籍去供人“骂祖宗八辈”，只能用“自山西洪洞大槐树迁来”敷衍。三是明代初期官方大规模从山西洪洞大槐树移出的人，后世因战争、灾害等，有的经历了一迁再迁三迁，逐渐淡化了始迁地，只朦胧记下了“山西洪洞大槐树”，而说不清原籍具体的县、乡、村、保。四是没有认真查考祖籍，盲目从众，人云亦云说“自山西洪洞大槐树迁来”。

但在所发现的家谱、墓志、碑刻中，自称祖先来自洪洞某具体地方的，都很难与《洪洞县志》记载的地名对上号。不仅如此，后来清代顺治版（1656 年）、康熙版（1673 年）、雍正版（1730 年）《洪洞县志》均无大槐树、老鹳窝、大移民之类的记载。直到 1917 年版《洪洞县志》才有了洪洞县人景大启于 1913 年募资立大槐树纪念碑的记载。

《明史》所记载的明初从洪洞县向外大移民，应该确有其事，只不过洪洞县是从山西省向外大移民的集散地。《明史》记载外移的是“山西民”“山后民”，而没有指实是“洪洞县人”。洪洞县当时没有向外移民——数以十万计的山西移民在此集散，洪洞县人需担当后勤保障工作。

悬揣明初外移的“山西民”主体很可能是蒙古人。元亡明兴，他们想借道与蒙古毗连的山西逃回蒙古（山西是中原通往蒙古的主要通道）。但蒙古的草原牧场已另有其主，他们也已经习惯了中原生活，若留在长期无战事、平静富庶的山西省，必难逃朱元璋的眼睛。正因为蒙古人是仓促逃离山西的，所以对临时住地之府、州、县、乡、村不甚了了，只记住了最后遣发地——山西洪洞大槐树。

虽然明初官方组织的山西大移民与郧阳无关，但明中后期全国百万流民至郧阳谋生，清康、雍、乾时期晋商把“票号”开到全国，把生意做到全国，清中后期的饥荒、战乱，都使山西人来到郧阳。明初官方组织的山西大移民，也会由外地一迁再迁来到郧阳，他们大都能据实证说明自己的渊源。

都说自己的祖先来自大槐树，不仅口耳相传，也有粗略镌刻在古老墓碑上，写入脆黄的族谱中的。移民地名，是一个时代的遗迹，是活着的历史。山西洪洞县大槐树，就曾经是一个实体存在，如今旧物不存，但大槐树却深深留在了人们心中，我们不能简单地把祖先来自大槐树的传说斥为无稽之谈，但又寄语有意寻根的乡党，慎说“自山西洪洞大槐树迁来”，只要你深查慎辨，就会找到自己真正的根。

七

如今战争的硝烟散了，天灾动乱的阴霾远去了，先祖先民的血泪黯淡了。几多岁月，几多血泪，终使故乡逐渐发展，成就出今日之繁盛。

我们不管来自何方，千年百年的流转迁徙，上溯故乡，思念先辈，我们不数典忘祖，每个故乡人都应是一家人，都应相亲相爱，和谐共处。因为，迁徙与融合是人类永恒的主题，一代又一代，永无止息。

故乡地虽属湖北，却因紧邻陕西、河南，山水相依相连，乡党性格中有三省人的区别，又糅合了三省人的优势，故而《郧阳府志》载：郧阳人的性格是“楚之轻剽，秦之强悍兼而有之”。

同居秦岭，出生于陕西省商洛市丹凤县棣花镇，与故乡山水相连的当代著名作家贾平凹，在其散文《白浪街》中是这样描述湖北人的：

“‘天有九头鸟，地有湖北佬’，他们待人和气，处事机灵。”描述河南人则为：“河南人则以能干闻名，他们勤苦而不恋家，强悍却又狡黠。”描述陕西人是：“陕西人，固有的风格使他们永远处于一种中不溜的地位。勤劳是他们的本分，保守是他们的性格。拙于口才，做生意总是亏本，出远门不习惯，只有小打小闹。对于河南、湖北人的大吃大喝并不眼馋，看见河南、湖北人大苦大累反倒相讥。”贾先生所描述的白浪街，为与南化塘镇毗邻的白浪镇。贾先生所述的白浪人性格就是故乡乡党的性格，三省性格兼而有之，总体彪悍泼辣，率直耿倔，生活上不拘小节。无非因人而侧重点不同，已分不清谁是湖北人性格，谁是河南人、陕西人性格，别说外人，本地人自己也说不清楚。

外乡人对其接触的故乡南化塘人的评价是聪明能干、和气机灵、吃苦耐劳、凡事不服输，总体口碑较好。

正是这种缘由，故乡乡党这个群体，不管是身居故乡，还是在外打拼，都能勤俭治家、持家，为理想、为梦想朝夕努力、奋斗。

树之根在泥土，人之根在故乡。日月星辰，田园牧歌，山明水秀，归去来兮。故乡既是游子的出发地，也是常系于心的家园。愈是远离故乡，愈是年龄大，愈是命运坎坷，愈是思乡情浓。故乡情绪，不在于衣锦还乡，不在于故土难离，只要心怀真诚，心中有故乡，美丽的故乡就永远存在，地久天长。

第四章 乡　恋

树之根在泥土，人之根在故乡，一方水土养一方人，因此爱故土恋故乡，成为人的天性。“美不美，乡中水；亲不亲，故乡人。”“老乡见老乡，两眼泪汪汪。”流传千古。故乡的父老乡亲，来自四面八方，扎根南化塘，生息繁衍千百年，耕耘劳作，衣食住行，与时俱进，几经变迁。昔日的穷山恶水，变成了绿水青山；昔日的贫瘠薄地，变成了肥沃田园；昔日的靠天吃饭，变成了旱涝保收；昔日的广种薄收，变成了产量翻番；昔日穿的破衣烂衫，变成了新潮时装；昔日吃的红薯苞谷糁，变成了白米细面；昔日住的茅屋窝棚，变成了楼房瓦屋；昔日走的羊肠小道，变成了宽敞公路；昔日出行靠脚走路，变成了客车轿车代步……故乡变富裕了，故乡变得更美丽了，越发让人热恋故乡，为故乡持续发展贡献力量。

一

数百年前，乡党们的衣着如何？据有关资料记载，元代以前，乡党中除极少数富户、有钱人家穿的是丝锦外，绝大多数人穿的是自织土布，外装用土法染成深蓝色或浅蓝色，女性多穿浅蓝色阴丹士林细布，也用煮红煮绿染色制衣。大多穿右衽大襟或对襟上衣，秋冬季穿长衫或棉袍。裤肥无腰，打褶系带，小孩夏季多穿“兜肚”。

元代时，百姓衣料有了划时代的变化。随着棉花种植的普遍推广，棉纺织业成为新兴行业，棉布逐渐取代麻布和丝锦。汉族人民衣衫形式与宋代的无异，宽衣大袖，右衽，盘领，下长过膝。袍子成为最时髦的服饰，汗衫成为通行的内衣，妇女系兜肚，围头巾则是时尚，男人穿木屐、草鞋更是家常便饭。

明代后期，乡党穿着仍为棉麻粗布。清代和民国时期，一般人家，男性穿缝制的对襟上衣，女性穿缝制的大襟（从右斜领下至左胸到左下腰斜开口，左边缝小襟）上衣。有钱的男性穿长袍、马褂、套裤，女性穿二布衫。

辛亥革命前，男女都留长发。辛亥革命后，男性多剃光头。男孩剃第一次头时，有的留木梳背、狗尾巴或铁箍头（木梳背，在前额留有木梳背大小一块胎发；狗尾巴，在后脑留一撮胎发；铁箍头，沿头盖骨留一圈约两指宽胎发），直到 12 岁过生日才剃去，以免生灾。剃成光头后，戴瓜壳帽、礼帽等。小孩戴狗头帽、虎头帽、护心镜等。女性扎耳洞戴耳环。男性若戴耳环，只戴左耳环。

中华人民共和国成立前，穷人打赤脚，穿草鞋（偏耳子、满耳子），蹬泥屐子，一般不穿袜子，只有在过春节或走亲戚时，有的才穿布鞋。有钱的女娃子穿绣花鞋。年岁大的老奶奶，还缠裹脚。在坡陡、石头多、刺多、蛇多的山区干活时，一直保留着男性打绑腿，女性勒带子的习惯。小孩子穿开裆裤，到 7 岁收裆。成人后穿大裆裤，裤腿和裤腰是两种颜色，如黑裤子、白裤腰。成人男性不穿绿裤子、花裤子，穷人很少穿棉裤。有钱的孩子穿好衣裳，还另加抱裙，胸前还戴银牌，脖子戴银项圈，以示压灾。

中华人民共和国成立后，粗单布、旧衣裳御寒。“新三年、旧三年，缝缝补补又三年”，是当时老百姓的穿衣习惯，颜色都是绿、蓝、黑。

小时候家里穷，若不小心摔一跤，父亲不会心疼你膝盖摔破了，而是责怪你把衣服摔破了，因为膝盖会自己长好，而衣服不会由破的变成好的，由旧的变成新的。

改革开放后，衣着多变。20 世纪 80 年代初，乡党中男性开始有人穿西装，女性开始穿裙子。20世纪90年代，牛仔裤、连衣裙、文化衫成为大众衣着。现在，随着生活改善，年轻人衣着讲究新潮、时髦、个性化。中年人注重质地、款式。老年人则讲究舒适、经济。变化最大的是女性、孩子，一年四季，衣着变化无穷，连身裤、一体裙、亲子装、蝴蝶裙、格子外套、宽松长衫，紧跟时尚，讲究品位，穿出气质。价格低者从几十到几百元不等，高者三五千元乃至上万元的也不是啥稀奇事儿。

二

空中俯瞰故乡，从九里岗黄柿坪、江湾、化山到关帝、南化街、四沟口，沿滔河、兆河两岸到青岩河、白河，呈现在眼前的不是成块成片高楼林立的集镇，就是独门独院的别墅或干净整洁的农家小院。这些小院既有沿公路、河边低洼田野修建的，也有依半坡、半山而建的，破旧、低矮的农舍已为数不多了。

别看故乡如今山绿但不茂盛，水清而不秀美，几百年或更早以前肯定不是这样。据志书记载，明以前故乡沟壑纵横，滔河、兆河两条大河及其他数十条小河河谷幽深，林繁木密，森林覆盖率高达80%以上。故乡以前的本地人及少量迁入者有极大的选择空间，他们多数逐水而居，在滔河、兆河这两条母亲河两岸及其支流，种植有地，用水不愁。也有乡党因害怕洪水或更多原因选择在青岩河、白河、东溪河畔居住。

更有先民喜欢往山里住、高处住，于是便有了“唐住山顶宋住坡，明清逐步住山洼”之说。每当与居住在大山小沟、半山腰乃至山顶，出行不便、吃水困难的乡党们聊起他们的先辈为何选择那样的居住环境时，听到他们提及最多的一句话就是“柴方水便”，意思就是生活中用的柴直接在周边的山林取，吃的水就是从山涧流淌出来的泉水，一切都很方便。

居住在山顶或山坡有水吃吗？现在可能不行，以前因森林覆盖率高，山高水也高。楼房沟村有一个白龙泉，常年泉水不断，几百年来供养着居住在那里一代又一代的乡党。

生活中“柴和水”必不可少，而真正保障他们，让他们得以生存的是土地和农业生产。故乡是山区，最早本地人和进入的流民靠什么生存无法得知，有据可查的大概在明朝，乡党们就开始种植水稻、小麦和豆类作物。同时，也种植芝麻、绿豆等经济作物。

俗语常提及郧县，同时也是故乡的三大宝——苞谷、红薯、龙须草，这些产量高的农作物和经济作物何时传入故乡并大面积种植已无法详查，估计是在明代且可能为后期，理由是《十堰通史》载，明代后期，玉米（苞谷）方传入郧阳。严如熤在《三省边防备览》中说，在川、陕、鄂交界的深山老林中“遍山漫野，皆是苞谷，种一收千，其利甚大……故夏收视麦，秋成视苞谷，以其厚薄，定岁丰歉”。清同治《郧县志》特地对苞谷做出解释说明，可见，当时苞谷传入的时间不算太久，才有必要解释说明其种类及特征。

到了明中期后，随着人口的大量涌入，在急切生存压力的驱动下，故乡等地出现了一次持续的农业垦殖浪潮。争山、争地、争水事件时有发生，违反生态规律，不管长远生态效益，与地争利，以致出现“深山穷谷，石陵沙阜，莫不芟辟耕耨”，“地狭民稠，深山邃谷，耕锄殆遍”的状况。地不择肥瘠，播不忌晴雨，数十年后，山冲水塌，半类石田。清同治《郧县志》载：“近山则渠路易塞，滨河则洪水易刷。然刀耕火种，习以为常，终岁勤动，作息相忘……”

明代，故乡以农耕为主，初步掌握了一些增加地力的技术，除深翻炕地之外，还使用天然肥料，并有了大粪催苗、小粪底肥的经验。田埂种黄豆、苞谷，地边种豇豆、高粱等，间作套种技术也开始使用。

为节约人力，耕牛受到普遍重视。随着耕作技术的改进，产量有所提高。整治旱地农田，一年两次，春季翻耕，秋季翻耕，一般秋耕要深，春耕则可稍浅，以利作物成长。因耕地大多在山坡上，加之又属南北气候交汇的地区，夏季多暴雨，秋季多淫雨，十年九旱，灾害频发。为保住土地墒情，使庄稼长得更好，乡党们在山坡上用石头垒成一道道“石埝子”，以防水土流失。在山沟里“闸挡子”，用石头垒成石墙，挡住山坡上流下的泥沙，长年即形成一块块小坪地。如今行走在大坪、楼房沟、玉皇观、观沟、周庄等村村寨寨，高山的山坡洼岭之处，随处都可见到不同年代砌的石坎、石埝。

故乡对农业资源的利用和开发，明代著名旅行家和地理学家徐霞客在他的《徐霞客游记·游太和山日记》中有这样的记载：天启三年（1623 年）农历三月“十一日登仙猿岭。十里余，有枯溪小桥，为郧县境，乃河南湖广界。东五里，有池一泓，曰青泉，上源不见所自来，而下流淙淙，地又属淅川。盖二县界址相错，依山溪曲折，路经其间故也。五里，越一小岭，仍为郧县境。岭下有玉皇观、龙潭寺。一溪滔滔，自西南走东北，盖自郧中来者。渡溪，南上九里冈，经其脊而下，为蟠桃岭。溯溪行坞中十里，为葛九沟。又十里，登土地岭，岭南则均州境。自此连逾山岭，桃李缤纷，山花夹道，幽艳异常。山坞之中，居庐相望，沿流稻畦，高下鳞次，不似山陕间矣。但途中蹊径狭，行人稀，且闻虎暴，日方下舂，竟止坞中曹家店”。徐霞客的记载告知今人，鄂豫陕交界之地的故乡及相邻地区，在明代对农业的开发已初见成效，但显示出发展不足的特点，仍保持着地旷人稀的面貌。

三

清开国之初，为巩固统治，清朝廷采取了一些恢复农业生产的办法。顺治、康熙年间，屡次召集流民，鼓励垦荒，或佃种官庄，或开垦无主荒地，或由官府给种子和耕牛，并实施安民薄赋政策。无论原籍附籍，必广加招徕，开垦荒地，编入保甲，规定“本地无主荒田，州县给以印信执照，开垦耕种，永准为业”。同时把“招民劝耕之多寡”作为考核官员成绩的标准。为长期稳定农民垦荒种粮，头3年不交纳田赋，不久又将起课年限放宽为6年，到康熙十二年（1673年）放宽到10年，出现了“民力宽而佃垦者众”的农业兴旺景象。各项宽民政策的实施使得当地“山谷崎岖之地，已无弃土，尽皆耕种”。清乾隆三十八年（1773年）大面积种植红薯，“亩收数十石”“胜种谷二十倍”。清嘉庆时代水稻已普遍种植，锄头、挖镢、犁耙、钉耙、竹筢、连枷、镰刀等已广泛使用。后洋芋传入，因耐旱、栽培条件要求较低，在故乡普遍种植。

清代中叶，更多的外地流民进入故乡后，因人口骤增，为求生存便大肆毁林开荒，狂砍滥伐。民谣道：“一年不开荒，仓里没粮装；两年不开荒，肚子饿得慌；三年不开荒，喝不上稀汤汤。”开荒之时，采用伐木烧畲的垦殖方式。初垦之时，挖土既松，不粪自肥；雨水冲刷，三四年后，肥土变瘠，厚土变薄，犁无三寸土，不得不再易他山。如此开荒耕种，多年的深山老林几乎全部变成了秃子山，獐、虎、麂、兔、鹿无处栖身而遁匿，再加上岁贡所征毛皮数之大，给珍贵动物造成灾难，各种野生中药材也失去了生长之所，数量减少。同治《郧阳府志·物产》载："昔年林丛箐密，家畜而外，毛羽之属种类甚繁。今则人逼禽兽，凡锦鸡、白鹇、虎、豹、狐狸、豺、狼，皆所失藏。"过度的垦殖和开采，使得森林和植被的面积、数量日渐减少，生态系统调节气候、涵养水土的能力不断下降，土质退化，地力下降，被抛荒而成为不毛之地的数量不断增加，生态环境脆弱，自然灾害频繁发生。

故乡是一个典型的山区，土地构成八山一水一分田，除滔、兆两河沿岸一带土地稍多稍好一点外，大部分乡党居住的地方是"坡陡地少、地少土薄、土薄水浅"。民国时期，生产方式原始，一家一户就是一个生产单位，生产力水平低下，农业生产发展缓慢。大多数乡党的日子比民国以前更苦更贫，过着"食不果腹，衣不遮体"的穷苦生活。遇上自然灾害，贫户播种无资，外出乞讨无路。

雪上加霜的是，就是在这种状况下，土地还被作为私有财产长期为少数地主、富农所占有，不到20%的地主、富农却占有60%以上的耕地。地主、富农占有大量土地，而自己不耕种，将土地租给贫苦农民收取租金（俗称"吃课"）。地租形式主要有物租、力租、钱租和混合租四种。少地、无地的农民要去租种占有大量土地的地主或富农的耕地，以维持一家人的生计。民国中后期，曾实行过"平均地权，二五减租"，但地权仍为地主、富农所占有。

大多数农民除没有土地外，还要直接或间接承担数不清的苛捐杂税。查阅相关资料，民国政府为废除苛捐杂税，补偿地方收入，陆续颁布营业牌照税、使用牌照税、行为取缔税及房捐各项杂税。民国政府三令五申废除苛捐杂税，但废此兴彼之风盛行，民众深受征税负累之苦。

中华人民共和国成立后，废除了封建土地所有制，实行农民阶级的土地所有制。为减少阻力，孤立分化地主阶级，以利于稳定民族资产阶级，早日恢复发展农村经济，国家实行了经济上保存富农经济，政治上中立富农的政策，无地或少地的农民分到了土地。农民有了土地，极大地调动了他们的积极性，劳动热情高涨，大多数乡党由吃不上、穿不上到逐步有饭吃、有衣穿，劳作辛苦但无怨言，生活清苦但没牢骚，遇到困难也不气馁。

1956 年年底，全国由点到面成立了农业生产合作社，土地由个体回归集体。自从有了合作社，有了集体，过去农民与国家的二元关系也开始让位于国家、集体与农民个人之间的三角关系，一个挣工分的日子由此开始了。农民从此有了一个新的称呼——社员。在农业生产合作社改为人民公社后，工农成为一个阶级。

1958 年后，由于“大跃进”造成的“共产风”“浮夸风”，伐薪烧炭，大炼钢铁，林木用材量激增，加上丹江水库建设、襄渝铁路建设，造成森林面积急骤减少。三年困难时期（1959—1961 年），为度过暂时饥荒，人们过度毁林开荒，森林植被再次遭到重创。“饥饿、死亡”这一严峻现实是所有乡党每时每刻必须面对的课题。据经历过的人们讲，许多乡党家中无一粒所食，只好四处挖草根、野菜充饥。野菜挖不到了就吃观音土，剥榆树皮，许多人因消化不了观音土而憋死或被榆树皮面搅团烫死，更多的人则活活饿死。

“文化大革命”期间，各级党组织和政权机关因“造反派”夺权而瘫痪，大批领导干部、管理人员和技术人员被当作批斗对象，许多工人、农民、知识分子被卷入内斗漩涡，人们的正常生产、生活秩序被彻底打乱，社会经济面临崩溃，人民生活陷入困境。因饥饿而死亡的乡党逐年减少，但“吃不上、吃不饱”依旧是乡党绕不过去、必须天天面对的一个头痛的问题、沉重的话题。

“早上梆梆梆，晌午靠山庄，晚上换个顿，还是红薯汤”，这首民谣是对一日三餐吃红薯度命生活的生动写照。故乡吃红薯的方法很多，晒红薯干，磨红薯面，做红薯粉条，更多的是直接蒸、煮红薯或切块掺以苞谷糁煮红薯汤。以苞谷为主食的也有多种吃法，除直接煮或烤苞谷砣吃以外，大多把苞谷晒干磨成糁或面，做粑烙饼煮苞谷糁。有的把嫩苞谷籽磨成浆，掺瓜菜煮食或摊饼做成“浆巴馍”食用。讲究的吃法是把苞谷糁拌和煮过的大米上笼子蒸，俗称“金包银”，色泽鲜亮，喷香软甜。有的还把黄豆磨浆不滤渣，掺菜沫煮成“懒豆腐”“合渣”，现已成为颇具地方特色的菜肴。

为养活一家人，为让大人娃子有口饭吃，蒸米饭锅下垫上红薯、南瓜、酸菜。蒸好后，若家里有客人，上面的白米饭让客人或小孩吃，下面的掺和饭自己吃。煮稀饭，下面条，做红薯干，都要下苞谷糁，还美其名曰：米和糁，糊汤面。

四

别说在故乡，就是全中国、全世界，千百万个家庭、数以亿计的人，为“吃饭”家家都有一本三天三夜念不完的经，人人都有几段或多段辛酸往事，大多不堪回首。

1942 年夏到 1943 年春，河南省发生大旱灾，夏秋两季大部绝收。大旱之后，又遇蝗灾，饥荒遍及全省 110 个县，3000 余万人受灾，300 余万人饿死，另有 300 余万人西出流向陕西潼关，沿途饿死、病死、扒火车挤踩摔轧而死者无数。据父辈们讲，数以百计的饥民流落到了故乡，大多死了丈夫的寡妇，为了活命，不讲任何条件嫁给了未婚的乡党。河南籍作家刘震云，以此为题材创作了小说《温故一九四二》，著名演员张国立拍摄完由冯小刚导演的《一九四二》影片后，有着切肤之感地说道："人的尊严从肚子开始。"言下之意，小到一个人、一家人，大到一个民族、一个国家，你连饭都吃不上，温饱都解决不了，何以言尊严？

我的忘年交，十堰市文联原主席、作家欧阳学忠在他长达70万字的长篇小说《饿》里，对"饥饿"有诸多详细的描写，并在其后记里写道：饿，是人类与生俱来的一大怪物，号称天下第一凶物。饿，可以伤人；饿，可以吃人；饿，甚至可以引起战争，成批地杀人。当然，饿也逼人奋起，催人奋进。一次次的农民起义，导致改朝换代，推动历史前进，说到底是老百姓想要有饭吃、吃饱饭。因此中国人把吃饭排到"天字第一号"的位置，号称"民以食为天"，人们见面打招呼也是："吃了没有？""吃了！"或"没吃！"

现在老人们相谈，除聊聊儿孙们外，谈论最多的是当年吃不上、吃不饱的事儿。我们初中、高中、大学同学相聚，除笑谈当年八卦外，谈论最多的还是上初中时，从家里拿一罐酸菜或辣椒酱，当菜吃上一个星期的辛酸往事。记得小时候斗地主时，一位乡党声泪俱下地控诉道："我们吃了上顿没下顿，顿顿都是稀汤汤，而他们早晌吃的都是稠厥厥的苞谷糁！"话音未落，一老者愤然站起补充道："还有凉拌萝卜丝！"也别怪这两位乡党，这种生活放在现在根本谈不上好，可放眼几十年前，这种生活确实算得上奢侈，让无数乡党羡慕，并为之奋斗终生。

以我家为例。我的童年生活是贫穷的，但回忆起来，童年比现在的小孩快乐。6岁左右上学之前，无意中看到床头柜箱子上放着一张钱，事后得知是2元。虽说过去了40多年，仍存在记忆中。我拿着这张钱，第一件事就是到街上卖文具、书籍的商店，买了一本名为《敦厚的诈骗犯》的小人书。没想到，商店售货员给我书的时候，还找回了一大沓钱。我手攥这些钱，又买了大量文具，诸如铅笔、橡皮、作业本等，最后把剩余的钱拿回家放回原处。母亲中午放工回家，见一张本计划为大弟看病用的整钱换成了若干张 1 毛、2 毛、1 分、5 分的零钱，问清事由后，当即把我按在地上，用扫帚一阵猛打。因用力过度、时间持续长，被惩罚后的我整整在床上躺了两天三夜且滴水未进，差点夭折。事后得知母亲守在床边两天三夜也滴水未进，并后悔不已。住在 15 里开外的外婆听闻此事，急忙拐着小脚赶了过来，对母亲严加指责，并让她保证今后不许再打骂孩子才算了事。

15 岁离开故乡前，虽说父母没让我及两个弟弟冻着、饿着，但没吃过一块饼干，没喝过一瓶饮料，哪怕是 2 分、5 分钱一杯的汽水；牛奶没听说过；也没穿过内裤、秋衣秋裤，从没穿过凉鞋、球鞋。高中三年，一份素菜一毛钱，带几片肉片的荤菜两毛钱。在我的记忆中，吃荤菜的次数没超过 10 顿。印象最深的每次早餐，只能喝一份号称 4 两、实际上不到 3 两的稀饭，外加一个 2 两的干馒头。当时最想吃的是外略硬、内夹菜的吃到嘴里又脆又香又耐饿的烤饼。当时价格是 7 分钱加 2 两粮票，若没有粮票再加 4 分钱，也就是 1 毛 1 分钱一个。别小看这 1 毛 1 分钱，对于一个一月生活费只有 10 元钱的农村孩子来说，每天吃一个烤饼，一个月就要多支出 3 元多，无疑是一个奢侈的梦想。想吃却没钱买，不吃实在太饿，无奈之下，我只好与同乡同届的柯贤国商量，我与他轮流掏钱，每天买一个各吃一半，一直持续到高中毕业。

伴随着饥饿成长的我，别看现在身高 1. 7 米，体重达 75 公斤，妻子天天督促减肥，30 多年前 20 岁出头刚参加工作时，体重还不到 50 公斤，连现在 20 岁出头正常女孩子的体重都达不到。

烤饼情结让我终生难忘，每次到郧阳城区或回故乡路过，都要到区农业局对面的一个烤饼店买上几个。虽没当年香爽可口，但仍吃得津津有味，既有对过往诸多辛酸的回忆，也有对当今生活衣食无忧的幸福感。童年的饥饿，在现在的孩子看来，不啻为天方夜谭。

五

故乡大小河流众多且水量充沛，为水利工程建设提供了先决条件。水利设施的修建又为故乡农业发展提供了有利的条件，对生产力的发展起到了推动作用。

最早的水利工程主要是建堤、塘、堰、坝。修塘主要在地势较高的山沟垴开挖水塘，水塘蓄水后，在山坡两侧开渠，引水入农田。在河沟的上游建闸拦水，即为堰，有的称“坝”，然后引水入田。

民国以前，故乡究竟修建了多少堤、塘、堰、坝已不得而知，现尚留有存记的当属 1942 年 11 月动工，1944 年元月完工的滔惠大渠。这条大渠是在西河村苏家营至关帝村肖家营原有一道小渠的基础上修筑的，向西北延伸至关帝庙、化山坪一带，渠道全长 7500 米，宽 3 米，灌溉面积 1200 亩。在渠道中段鲍鱼沟口的渡槽石桥上，刻有国民党郧阳第八督察专员王开化亲笔题写的“辞化桥”三个大字，至今仍清晰可见。

中华人民共和国成立至今 70 多年间，乡党们又先后修建了多条大渠、堤、塘、堰、坝，耗费人力物力财力最多、发挥作用也最大的当属兆河大渠和有“红旗渠”之称的青岩大渠。

河流多且水量充沛，为小水电开发提供了得天独厚的条件。大多数乡党并不太知道故乡何时才开始有的电。故乡是全县小水电开发比较早的乡镇，县电网尚未延伸到位之前就已开始用电。据《郧县水利志》载：1964 年 7 月，乡党们在滔惠渠鲍鱼沟口，建了一座装机 40 千瓦的小电站，并自建配电网络，开始用电，由此算来，也只有短短的 50 多年历史，半个世纪而已。

1973年3月，故乡利用兆河大渠又建了南化电站，装机480千瓦，1976年竣工投入运行。从此，故乡以南化电站为中心，逐步建设10千伏配电网络，扩大用电规模，兴办一批社队企业，充分发挥小水电的经济效益。1984年，故乡自建的10千伏配电网络与县电网相连，并网运行，自发自供，多余上网，不够部分由县电网补充，同时为滔河水库施工提供应急电源。

20世纪90年代初，故乡滔河水库坝后式装机2500千瓦电站竣工，正式并网发电。由于用电负荷不断增加，水电站受来水限制发电有限，导致跳闸、停电频繁，不能满足故乡用电需求。90年代中期，供电方式由6千伏改为35千伏。随着人口日益增多，县电力公司对滔河水库电站等几处供电设施不断进行扩建、更新、改造建设，如今故乡发、供电才处于良好的运行状态，基本能满足用电需求。

故乡河流多、雨量充沛，但分布不均，像石盆、石槽、大坪等，都是常年严重缺水的地方，其缺水程度不亚于与故乡紧邻的乡镇、全郧阳区乃至十堰市出了名缺水的谭山镇，因水而发生的辛酸故事难以言述。正是这种原因，20多年前，郧阳区大兴水窖建设时，故乡也是重点乡镇。

六

元代末期至明代成化年间，多处流民涌入故乡，因自然条件和社会动荡的原因，乡党们多“依山而居，编竹辑茅”，说的是最早的勤劳先民们在稻谷芬芳的田野上，从地表向下挖出方形或圆形的穴坑，将捆绑的树枝或稻草沿坑壁围成墙，简陋地抹上草泥，屋顶上搭些草木，用以躲避风雨、躲避禽兽灾害。后来他们摆脱了对自然的先天依赖，从洞穴中走出来，依山势择一坪地，以两根木桩搭成人字形，立于地上，上架横木，横木另一端架于山崖或另一人字形木架上，用茅竹或树枝为椽，上面覆以茅草或麦草、稻草、苞谷秆，创造出自己相对安稳的居所。

直至20世纪70年代，故乡的民居仍以茅草屋为主，只有少数富裕一点的家庭，住的是一进或多进四合院砖瓦房。院内有厅、堂、厢、厨之分，自成庭院，结构一般是木构架青砖上顶，设影壁墙，屋顶盖青瓦，临街门面多为上下两层木式楼屋。大户人家盖房子讲究前厅后院，砌封火墙。寝室里支床要顺着檩条方向，不能骑梁。居室设有书房、客房、账房、餐厅、绣楼、仓库等。院子里建凉厅、花坛。一般人家盖房子是三间正房另盖偏厦出老鹰头（作厨房）。乡村多修楼门儿，墙或楼门儿上书写诸如“耕读传家”等内容。一个家族如果兄弟多，分家时讲究“老大不离中堂，幺儿子不离娘房”。

条件次一点的以木构架结构为主，屋顶铺草或瓦，墙体多为版筑夯土，也有土坯墙体，以白石灰抿壁。一般民居以三间正房一间偏房为主，俗称“明三暗四”，大门居中，一主两侧半偏厦。偏厦有带一拖檐或带一横间出头两种形式，作厨房用。人多的大户有正房五间、偏房两间，俗称“明五暗七”。晒场、畜圈、厕所配套，形成独门独户的方形小院，院墙开砌楼门。而大多数乡党住的是版筑夯土茅草房。在边远深山，还有乡党住岩屋、窝棚（一种用木杆搭成两面坡或圆顶，上面扎草，没有墙壁直接搭在地面的房屋，俗称“千柱落脚”）、茅草屋。

中华人民共和国成立后，随着经济的发展，乡党们大多已换成干打垒或砖砌的瓦房。尤其是随着精准扶贫政策的实施，岩屋、窝棚和茅草屋已完全消除。随着茅草屋逐渐消失在岁月中，茅草屋的那股让人陶醉的质朴清香气息，已不是穷苦潦倒生活的象征，而是现代人向往大自然，渴望返璞归真的象征。

故乡民居建筑十分讲究风水。风水术是中国古代建筑规划、设计、营造的理论基础。流行久远的风水形势法讲究“觅龙、察砂、观水、点穴、取向”五大要素，从山川形势上进行观察测量，达到选择“迎气生气”“聚气藏气”“载气纳气”天地人合一的养生环境，求得“山主富贵水主财”的理想效果。

故乡民居相宅时，一般都选择背山、向阳、避风、临水的山脚、平坝和山腰。豪门富户在遵循这个一般原则之外，还按照阴阳五行的要求在宅屋内部装修上予以呼应，十分讲究。背山、向阳、避风、临水，从地理学、生态学、生物学、心理学、美学等方面看，对人的生活和身体健康都具有积极影响，是有科学道理的。

兴建房屋称起梁盖屋。习惯上，建房首先选准屋基，确定方向（东西向占多数）后，择吉日破土动工。一般是正房大于耳房，两旁小于中堂。房屋进深一丈一尺八、一丈二尺八、一丈四尺八不等，开间一丈零八、一丈一尺八、一丈二尺八不等，但不超过一丈三尺长，因为“檩条一丈三，不压自己弯”。屋架有三柱或五柱落脚。房皮子有用草苫、瓦苫等，部分住户只有沟瓦，没有盖瓦。建房子从开工到完工，要经过架板、过门、封山、上梁、苫草或苫瓦等工序。架板、过门、封山比较重要，上梁最为隆重。上梁事先要采梁，以榆树最佳，选准后，盖房者出钱买到手，披红挂彩运回建房工地。起架上梁时，先给大梁挂大红绸缎，并鸣放鞭炮，由木匠师傅用白公鸡血祭梁。房子完工后，主人就开始内外打扫装修，修灶贴画，择吉日迁居（搬家），又称“乔迁之喜”，各个门上都贴上乔迁对联。搬家时，主妇端上面盆里的发面，提着炭火很旺的烘笼，以示住进新房后红火发家、人财两旺。

1978 年，改革开放后，高档耐用消费品开始进入寻常百姓家。现在在故乡，别说是盖个两三层的小洋楼，“楼上楼下，电灯电话”不是啥稀罕事，就是买辆小车也不是啥值得显摆炫耀的事。

七

故乡地处秦岭南坡，属亚热带季风气候区，最鲜明的特征是“一山有四季，十里不同天”，“高一丈，不一样；阴阳坡，差得多”。特殊的地理条件和气象因素，加上山多林密，土地瘠沃相间，适应各种动植物生长。万历《郧阳府志》载：“郧郡所产与他处等者，固十五六，然间有不常之物，如羚羊、猩掌、钟乳之伦，即诸属已自不能同矣。”

据万历《郧阳府志》载，故乡的特产（含动植物）除矿产外，谷属有大麦、小麦、苞谷、荞麦、黄豆、小豆、绿豆、豇豆、黑豆、芝麻、玉麦等；蔬属有葱、韭、蒜、茄、芦、芹、王瓜、冬瓜、芥、丝瓜、木耳、笋、白菜、苦瓜、扁豆等；果属有银杏、栗、柿、桃、杏、李、梅、橙、橘、樱桃、石榴、梨、枣、胡桃、葡萄等；木属有榆、柳、楸、槐、柏、桑、柘、榔、椿松、花木、栎、梓、杨等；竹属有水竹、斑竹、紫竹、绿竹等；花属有菊、葵、萱草、蔷薇、桂花、栀子、罂粟、迎春、月月红等；药属有车前子、黄柏、木瓜、牵牛百合、金银花、何首乌、柴胡、五味子、葛根、麝香、天麻等；羽属有鹅、鸭、鸽、画眉等；毛属有牛、马、骡、驴、羊、豕、犬、猫、獐、鹿、虎、豹、猿、猴、熊、野猪、山羊、兔、羚羊、狼、松鼠、羚等；鳞属有鲤、鲫、鲢、鳝等；介属有鳖、蚌、螺、龟、蛤等；货属有桐油、麻油、白蜡、黄蜡、皮纸、蜜、竹纸、草纸、棕、黄白丝、牛皮、紫草、炭、漆等。

八

农业的发展和丰富的自然资源为手工业的发展提供了物质条件。土地的开垦需要生产工具。人口的增加需要生活资料。生产工具和生活资料的制造和产生，必须依赖自然资源的开发和利用。

小时候，常听父亲说“天旱三年饿不死手艺人”，人有手艺不靠种地、砍柴打鱼同样也能谋生。

流民和移民中有部分工匠流动到故乡后，为手工业的发展提供了人力资源和技术条件。

明代，故乡的手工业多为纺织、制陶、编织、木器制作及起梁盖屋之类，故而把有一技之长的人称为“手艺人”。万历《郧阳府志》载：男子力于耕，女子力于织。清同治《郧县志》载：男子烧畲为田，女子揖麻为布。河南盛产棉花，其种棉织布技术也传给了与其相邻的故乡。明中叶后，民间出现并一直流传着用冻绿皮子、黄泥浆等染布的习惯。纺棉技术在明代代替了织麻为布的技术。制陶瓦的技术源远流长。到了明代，故乡的烧陶烧瓦技术已很成熟。

故乡手工业主要有制铁、木、竹、石工具及用品，以及纺织、造纸、榨油、酿酒、压面等。

木匠分水木匠和旱木匠两类。水木匠也称造船匠，水木匠以外的称旱木匠，也有水旱兼备的木匠。明代故乡水陆运输日渐繁盛，水木匠因此增多。石匠除为大型建筑准备石板、石条等石材外，还为农民打制石磨、石碾、石对窝等。编织工匠一般指的是篾匠，篾匠主要是用竹子编织晒席、铺席、竹篮、粪筐、雨帽等家庭日常用具。

故乡盛产生漆和桐油，故有专门从事漆工的手工业者，也有人兼任木匠和漆匠。木器、竹器、藤器和官方或富户建造的房屋，都由漆匠做漆活儿，水中穿行的木船更需要油漆匠漆油船只。俗有“一漆工二木工”之说，就是说漆匠干一天活儿要比木匠干一天活儿获得的酬劳多一些。

铜匠、铁匠、小炉匠都是以金属做原料加工各种金银首饰或锅盆铲锄等生活用具和生产工具的。木匠、砌匠、石匠所使用的工具，如锯、斧、刨、锤、凿等，农民使用的铁制生产工具，都是由铁匠打制的。

故乡盛产龙须草，曾是三大宝之一，可编织草鞋、蓑衣、绳索、草垫等生活用品和生产工具。

独户单营的小炉匠、篾匠、弹花匠等手工业者逐渐增多。清政府将手工业者交纳的“匠班银”（代替服匠役的税钱）摊到亩赋征收，不仅使无地和少地的工匠减轻了劳役之苦，而且为手工业的发展提供了宽松的环境。

百业工匠都有本行崇拜的祖师爷，匠人们逢年过节都要拜祭祖师。木匠、石匠、泥瓦匠拜祭的是鲁班，铁匠拜祭的是李老君，酒匠拜祭的是杜康，裁缝拜祭的是轩辕帝，屠匠拜祭的是张飞，陶匠拜祭的是范蠡，理发匠拜祭的是罗祖，织匠拜祭的是织女等，七十二行各有祖师。想跟着师傅学手艺，要请人担保，师傅同意接收后，还要举行拜师礼，送上礼品，三拜九叩，磕头认师。学艺规定三年，其间师傅不付工钱，只给点零花钱。学徒除跟随师傅干活学艺外，还要承担师傅家里的家务活。民谚说“师徒弟子，爷们父子”，“要得会，跟师傅睡”，就是指学徒要全身心地为师傅服务，留心学艺。三年满师后，徒弟要举办“谢师礼”，劳动依附关系解除，但师徒关系却要保持一辈子。

如今，掌握民间手艺的人已是凤毛麟角。

农业和手工业的发展，带来了商品交换的日益兴旺。据清嘉庆《郧阳府志》载：农村集居较多、交通比较方便的大村庄，多在一定空地上搭建棚子，供农民交易时用。清雍正、乾隆年间，交易品种多为粮食、油料、棉花等农产品，日用杂品有丝麻、生漆、桐油、木油、山货、杂货、绸缎布匹、药材、油料等土特产品以及柴炭等。

这种贸易方式，促进商品流通，更促进了集镇的兴起与发展，滔、兆两河交汇的李家营便演变成后来的“南化街”集镇。别看如今的南化街老街新房、旧房混杂，昔日青石板被各家砌房时，用水泥砌成厚薄不一、颜色杂乱的花路，据老人们讲，百年前的南化街长约500米，有茶馆酒楼、赌场、烟馆、青楼，有牙行经纪人，有作坊手工业者，还有沿街叫卖的小贩、脚力挑夫、看相算命者。除摆摊设点、当面买卖外，还有坐店收购，长途远销；前店后厂，批零兼营等。晚上，整个街道灯火通明，人声鼎沸，鸡鸣有未寝之人，午夜有可求之市，繁华程度可想而知。

赶庙会是故乡一大特色。每到庙会日，临时搭起的帐篷和芦席棚，摆满四乡八道的土特产和杂货日用品，如生漆、木耳、桐油、蚕丝、天麻、麝香、五倍子、糖果、首饰、布匹、瓷器、铁器、农具和炊具等。各种商品，琳琅满目，人来人往，摩肩接踵。庙会期间还有耍猴的、说书的、唱戏的、卜卦算命的、卖狗皮膏药的，五花八门，不一而足。生意人卖货赚钱，农民们卖山货、土特产，换回农具和生活用品，各有所获，各得其所。

中华人民共和国成立后，随着郧县供销合作总社成立，故乡也相应成立了供销社，开始按采购和供应商品两条渠道设置供销点、采购点。粮食、棉花、油料实行统购统销，对生猪实行派购，限制私营商业对粮、棉、油、猪的经营，确立国营商业的市场主导地位。紧接着对归口供销社的农村私营商业进行社会主义改造。在改造过程中，经过初步形式的加工订货、统购包销、经销代销，进而到高级形式的合作组店、公私合营。改造后的公私合营商店、合作商店、合作小组、代购代销店，核算形式或实行统一领导、统一经营、统一核算、共负盈亏，或实行统一核算、分散经营、共负盈亏，或实行统一领导、分散经营、自负盈亏，或实行统一领导、行政编组、单线联系、经销代销。对公私合营、合作企业行政人员实行固定工资制。对公私合营从业人员，实行基本工资加奖励。对经销代销店，实行按件计资。小商小贩一部分过渡到国营商业和供销合作社，其余大部分组成合作商店，由私营商业过渡到集体商业。1958 年，基层供销社改为公社商业科，实行体制下放，权限下放，人员资金由公社统一领导、统一管理、统一核算和财政包干，农村商业被削弱。

1978 年，十一届三中全会后，城乡市场开放，多种经济成分、多种经营形式、多条流通渠道得到迅速恢复。40 多年的风雨，40 多年的发展与建设，如今的南化街高楼大厦鳞次栉比，商铺林立，平价超市、购物广场、手机专营、名优专卖店等遍布大街小巷。既有传统的剃头铺，也有时尚的美容美发店。有经营家电建材的，也有制作婚庆蛋糕的，可谓应有尽有。

九

所有贸易都离不开运输，而运输又离不开道路。

故乡的道路运输分水路运输和陆路运输。水路运输，因有滔河入丹江连汉江接长江，南化街便成为故乡物资集散地，上聚地方所产的土特产，下纳汉口、京广的日用百货，都在这里外运内销。

船下行靠水流，上行就要靠人力拉动，而拉动的人力称为“纤夫”。他们曲着身子，背着缰绳，步态艰难地往前迈。有许多纤夫拉纤时不穿衣服，暮春、夏季、初秋等温暖的时节多是光着身子，久而久之，即使面对大姑娘也旁若无人。纤夫拉纤时会喊一口沙哑的船工号子。号子有声无字，“嗨，嗨哟哟，嗬嗨，拖呀，拖、拖拖拖……”每当逆水行船或遇上险滩恶水时，全靠纤夫合力拉纤，号子声声，空谷回荡。寒冬腊月、滴水成冰的季节，船只一旦搁浅了，这时岸边的纤夫一个个排列整齐地背着缰绳，发出惊天动地的吆喝……河风裹着冰雪阵阵狂舞，其境况常人真是难以想象，而纤夫则处之泰然，习以为常。

每当盛夏涨水，一条船停在险滩急流之上，一队纤夫在岸上拖得即使累到吐血，还是有船只会翻。船只一旦翻掉，纤夫往往非死即伤。

自明清时期，船商、船帮包括纤夫，为祈求岁岁平安，得到神灵庇佑，都把最初源于湖南民间传说中的能斩除蛟龙、平定水患的道教水神杨泗（亦称杨四将军，杨家四爷）视为尊神，捐款为其建寺修庙并年年祭祀。

故乡滔河是郧阳区境内第三条大河，当年，滔河上不说是百舸争流，也是大小船只来往不断。生意好，人气就旺，人气旺捐款的人可能就相对多一些，建庙的可能性就大一些。

故乡建有杨泗庙，建筑雄伟气派。依稀记得我上小学时，三进院的杨泗庙已作为公社的办公场所，上初中时尚还存在一半，我离开故乡到县城读高中后再回故乡，它已完全消失了。现在它的原址上，已建起了南化中学的老师住宅和运动场。

杨泗庙究竟建于何时，以前无人得知，也无人告知。所幸的是在南化中学从教的家门兄弟赵伯昌告知我，记载杨泗庙捐建事宜的一块石碑尚在，郧阳文化研究者邢方贵赴南化中学，拓下了碑文。依据碑文记载，杨泗庙建于19世纪中叶，距今已有100多年的历史。

有庙就会有祭祀。据老人们讲，祭祀时间为每年农历六月初六这天，即杨泗爷的忌日。是日，众船商、船帮、纤夫集结起来，在河道上浩浩荡荡排着，每条船都在船头供个盘子，上上香，总会有一家盘子上忽然出现个长虫娃（小蛇）。这条船就成了船队排头兵，率船队航行到码头。杨泗庙一个铜器班出来迎着，一直迎入庙，把盘着小青蛇的盘子供在神案上，供上香。祭祀时间为三天，前方大戏楼上，会唱上三天大戏，三天大戏没唱完，长虫娃自己就走了。庙会期间，船工、船商、香客都要进庙祭祀，还愿的船工、船商们，烧着高香，将整猪整羊敬献在杨泗爷神像前，以示感谢。

奇特的祭俗与传说，有演义与迷信成分，但从另一个侧面看，显示的还是船工对自然的敬畏之情。

陆路运输以人力为主，畜力为辅，人力多靠肩挑背驮。鲁迅先生说：世界上本无路，走的人多了便有了路。按照我的理解，他说的路只是小路、便道。故乡几十年前境内道路数百条，但只是小路、便道，别说是通汽车，就连能通马车的路都没有一条。最便捷的进县城的方法，也只有唯一从关坡翻铁帽山入白河，从白河进入大柳左溪，从左溪再到桂化黄畈，翻过核桃树垭，由谭家湾到达县城，这是一条崎岖难行的山路。直到20世纪50年代末，修建了南白（南化塘至白桑关）、郧白（郧县到白桑关）公路后，故乡才与县城连在一起，但也只通货车、人力车、畜力车，乡党们出行依然靠步行，只有少数有自行车的骑车进出。直到70年代初，因故乡是郧阳地委蹲点驻队的重点，人员进出频繁，才正式通了客车。

通了客车，也不能保证天天畅通，一遇大雪交通就中断。记得在郧县一中读高二时，寒假后开学在即，大雪封山，交通中断，我与十几位同学，携带行李，从下午 3 点，历时近 18 个小时，才到达 120 里外的学校。离县城还有 5000 米左右时，一位同学已精疲力竭，坚决不再挪一步，我们只好把他的行李分到他人身上，两人搀扶着他一步一叩首，就像影视剧中红军翻越雪山的情景。如今回想起来，真可谓“忆往昔峥嵘岁月稠，求学路艰辛难回首”。

从 20 世纪 50 年代末起的这 60 多年间，故乡的道路发生了巨变，由条条羊肠小道、山间小路，根本没有公路，到如今村村都互通互连，货车、小车、摩托车进出自如。东有通白浪、刘洞连河南的南白路，南有通白桑关连县城的郧南路，西有连大柳到陕西三官洞的南三路，条条都能连国道、连高速，进而连接了全省、全国，乡党们出行变得方便又快捷。

第五章　乡　　俗

十里不同风，百里不同俗。古往今来，民俗与人类社会共生共存，相随相伴。不同的地域，有不同的方言、乡音、民俗、风情、信仰、传说。乡党虽然大都来自外地，但是根扎南化日久，入乡随俗，融合土著，自然变成南化乡俗。首先是方言俚语，发音用词与普通话大相径庭，外人听之不觉，乡人听之分外亲切，可谓“乡音入心”；再是犁田耙地，农事谚语，起楼盖屋，工匠手艺，也与外地有别；还有吃喝穿戴，出行串门，婚丧嫁娶，生育寿诞，年节娱乐，别出心裁，妙趣横生，也是外地罕见；更有那诸多禁忌，令人谨言慎行，恪守规矩，净化心灵，可谓文化洗礼，树德做人。因此，故乡风俗历久不衰，风行至今。

一

繁衍生息在不同地理环境中的人，语言表达、风俗习惯都不尽相同，具有浓厚的地方特色。

故乡因处在秦楚文化过渡地带，除本地人外，还有从湖北武昌、安陆、黄冈及陕西、江西、山西、山东、河南等地流徙而来的客籍人。因同根、同祖、同族连片居住较多，迁徙来后若干年甚至更长时间，异地人或多或少地保留有祖籍的语言特色。而随着时间的推移，本地人和客籍人混居相处久后，语言又相互影响、融合，乡党大多数使用的语言属汉民族共同的北方方言。

行走在故乡大地，若细听细甄别，也还是小有不同。西北间如青岩、石盆、寺泉、罗堰，与陕西省商南接壤的或近秦音；东北间大桑、大坪、观沟、周庄或近豫音。若不细听细甄别，大多数乡党或近豫音。

乡党风俗习尚既与荆楚相同，又与秦、豫相属不相克。走出故乡，乡党若说自己是河南人，外乡人相信，河南人认可，我及众乡党屡试不爽。

据《郧县志》《郧阳府志》等志书、文献的记载及本人通过对故乡方言和汉民族共同语言的语音、语法相比较后，发现差别很小，基本词和共同语相同，只是词汇中有一部分词语的差别比较明显，语音高昂短促，语意言简意赅。如方言声母与普通话声母比较有以下特点：一对一异用，如 n 念 l，zh、ch、sh 分别念成 z、c、s；一对多异用，如 p 念成 b、f；多对一异用，如 j 念成 q、x、g；两声相混，n、l 相混。

方言韵母的发音、写法与普通话韵母基本相同，韵母与声母拼读时，方言韵母与普通话韵母相混、异用较多，个别方言字的发音，在普通话中找不出韵母。

方言“校（xiào）对”，普通话“校（jiào）对”；方言“奇（qí）数”，普通话“奇（jī）数”；方言“簸箕（qī）”，普通话“簸箕（ji）”；方言“色（shè）调”，普通话“色（sè）调”。

从对应表可见方言韵母与普通话韵母比较具有以下特点：开口呼的单韵母和复韵母异用，如 o 与 uo 等；开口呼与齐齿呼的复韵母异用，如 ai 与 ei；前鼻韵母与前鼻韵母异用，如 uan 与 an 等；前鼻韵母与后鼻韵母相混，如 en 与 eng；后鼻韵母与后鼻韵母相混，如 ong、eng。

故乡方言除韵母的相混、异用外，儿化韵现象也较普遍，方言正字缀上“儿”字后，正字韵母发生音变，正字和缀字合成一个音节，带上了卷舌音，就成了“儿化”。如，孙儿、汤儿、哪儿、老伴儿、铅笔刀儿、慢慢儿的、美美儿的、卖唱儿的、鸡蛋清儿、开火儿等。儿化后表示细小轻微的意思，如，一点儿、牛肉干儿、牛蹄筋儿、竹棍儿等。儿化后表达亲切喜爱的感情色彩，如，老头儿、胖墩墩儿、小猫娃儿等。故乡方言与普通话相比，构词形式基本相同，差别表现在三个方面：词素相同而词序不同、部分词素相同、词素完全不同。如方言与普通话：浮轻—轻浮、蜜甜—甜蜜、仰好—刚好、毛狗子—狐狸、走路—改嫁。

方言和普通话使用的词绝大多数相同，不同点在于同一概念，方言跟普通话的说法不一样：大（爹）—爸爸、爹娃儿—叔父、长虫—蛇、瓢把子—丈夫的哥、前（早）半儿—上午、后（晚）半儿—下午、麻麻亮儿—黎明、麻黑儿—傍晚、小姨子—妻妹、乌根（初根、搂根）—始终、担挑—连襟。

故乡方言和普通话相比较，地方特色主要表现在以下几方面：

表程度用叠词，如软囊囊、硬邦邦、黑摸摸儿、离巴巴、毛焦焦、稠概概、脏兮兮、怯生生、臭烘烘、飘飘儿轻、浪浪儿倒、勾勾儿扯、喷喷儿香、冰冰凉、将将就就、热热闹闹、糊糊涂涂、马马虎虎等。

“不”字夹于形容词之间或动词之间时，不表示否定，而是表强化的程度副词，如好不热闹、麻不出溜、死不乱窜等。

词中带衬字，如（张的）张大妈、（李的）李大叔、啰（里啰）嗦、呓（里巴）症、愣（儿巴）怔、正（儿八）经、造（锅巴）孽、红（不出溜）的、愣正（巴眼）、板凳（娃儿）等。

口语常儿化，如山跟前儿、蛤蟆嘴儿、疙瘩儿柴、有点儿酸、有点儿痛、喝汤汤儿、敲梆梆儿、走快点儿、顺犁沟儿、黑洞洞儿、旮旮旯旯儿等。

成语口语化，如翻肠倒肚、扭棍别棒、隔河渡水、顺嘴出溜、奸狡死痞、深山老涧、将将就就、鸭鸭倒倒、干稠码撅、坏雷曲子等。

语法上也很有特色，如油瓶倒了不扶（不管事），给你耳朵上拴根线儿（记性差），乌龟有肉在肚里（不显露出来），你是个木石老爷（反应迟钝)，饿死的厨子八百斤（基础条件好）。

复句表达技巧多样化，如人有脸，树有皮；人挪活，树挪死；少来的夫妻老来的伴，一会儿不见干燎乱；老婆子嘴碎，儿媳妇顽脸；不是甲子，是乙亥；吃喝不论，办事过硬；家贼难防，偷断屋梁；贼无底脚，寸步难行；公说公有理，婆说婆有理，儿媳出来一片理；一辈亲，二辈表，三辈四辈就拉倒；村看村，户看户，百姓看的是干部；镜子里头的馍，看得见，摸不着；嘴上无毛，做事不牢。

二

故乡在长期生产、生活过程中逐渐形成自己特有的习俗风尚、社会风俗，可谓“传言相扇成风，相染成俗；上行下效谓之风，众心安定谓之俗”。

本地固有风俗仍是故乡风俗的主流。从生活习惯而言，保持着以往的传统，乡党以五谷为主食，蔬菜、鱼、肉为辅食。多数乡党一日三餐，早晚吃稀，中午吃干，主食以红薯、小麦为主。吃稀以苞谷糁儿、红薯苞谷糁儿、绿豆汤儿、面籽（糊儿）为主。副食以蔬菜为主，肉类为辅，蔬菜以白菜、萝卜、腊菜、豆角、豆芽、豆腐、辣椒、南瓜、丝瓜、冬瓜为主。肉类以猪肉为主，羊肉、牛肉、鱼肉、鸡肉为辅。冬吃羊肉，夏吃鸡，二八月间吃鲜鱼，老年怕啃硬骨头，少女禁忌吃甲鱼。食用油以麻油、菜籽油、猪油为主，豆油、棉油较少，佐料主要有葱、蒜、韭菜、花椒、辣椒面等。

蒸米饭锅底垫红薯、酸菜或南瓜等，面条锅里放酸菜。酸菜面条是故乡的特色，不管在哪儿吃到，都觉得特别香。腊菜酸菜是故乡乡党的家常菜。豆角也可以晒干，在淡季食用。

饮品以水、酒、茶等为主。1949 年前，一般农户喝凉水或凉开水，上坡干活，提一壶茶水，渴了喝几口，家境好一点的才喝茶叶。有的用薄荷、鱼腥草、竹叶、大黄、干酸菜等泡水当茶。

故乡乡党相互交往，最不能缺的就是酒，所谓“无酒不成席”“怪酒不怪菜”，菜肴好坏多少可以不在意，缺了酒就是大不敬。饮酒已融入社会生活的各个角落，客人来了要喝迎客酒，妇女分娩要喝“月子酒”，新婚嫁娶要喝喜酒，老人寿诞要喝寿酒，亲人亡故要设祭酒，岁时节庆要喝迎神酒、祭祀酒、雄黄酒、赏月酒、菊花酒、团圆酒。生产劳动中要喝开秧酒、庆丰酒，建宅要喝上梁酒、乔迁酒，处理家庭、左邻右舍关系要喝议事酒，等等。饮酒已超出一般的物质消费概念，酿酒、饮酒的一整套程序和规定，已成为人们的精神寄托和乡邻亲友的感情传递的方式，也酿就出地域特色鲜明的民俗文化。

喝酒有行酒令（划拳：一定高，哥俩好，三桃园，四季来财，五金魁首，六位高升，七巧，八抬，九长寿，十年好运）、靠瓶、猜数、敬酒等习俗。酒分黄酒、烧酒（白酒）、甜酒。前两种酒都用大曲酿造。黄酒有糯米黄酒、小米黄酒、苞谷米黄酒、饭米黄酒、红薯丁黄酒。糯米黄酒质量最好。黄酒，色似酱油，味道醇厚。也有的在制曲或做酒时，放入活血、解乏、滋补之类的中草药，名为药酒。有的在黄酒酿成后，用泥巴等把酒坛子口密封，放到地窖过两三年再喝，称闭封酒。这种酒口味淡，后劲大，饮后醉而不倒，有舒服感。烧酒（白酒）分小窖烧酒和大窖烧酒。小窖烧酒主要是一家一户，用锅顶锅的方法，以苞谷、红薯、高粱、柿子为主料，另加配料，经发酵后蒸馏成酒。以苞谷为主的叫苞谷酒，以柿子为主的叫柿子酒。做甜酒，用甜酒曲、糯米、苞谷米等。

故乡人民勤劳节俭，敦厚淳朴，热情好客。在生产力和消费力都很低下的岁月里，乡邻们用自己生产的粮食果蔬、肉蛋禽鱼敬老馈幼，相互周济，浓浓的乡情融入历史的长河，弥久愈醇。

三

故乡民间谚语中数量多、对实践指导性最强的是农业生产谚语和农时气象谚语。

农业生产谚语的内容，涵盖了土壤、肥料、水利、种子、田间管理及农、林、牧、副、渔各生产环节、各产业的经验概括。如，黄土掺沙，好似孩儿见了妈；耕得深，耙得烂，一碗泥巴一碗饭；正月施肥麦喝汤，二月施肥正当场，三月施肥麦成糠；养猪无巧，窝干食饱；牛要满饱，马要夜草。

在漫长的封建社会里，故乡一直以农为本。农业生产对自然和气候的选择性很强，土壤、水利、作物、种植技术和生产程序，都会对一年农业的丰歉产生重大影响。长期实践中对经验教训的总结，被逐步积累提炼，在形成生产习俗的同时，又创造出民间谚语广泛流传，反过来指导后人的生产实践。

气象谚语凝聚了人们对天体运行与气象、物候与气象、节令与气象等的相互关系的观察与总结，为人们认识和掌握自然变化规律，以应用于指导农业生产提出了警示。如，燕子飞得低，下田披蓑衣；清水蛤蟆旱地叫，不下冷子（冰雹）也跑暴（暴风雨）。星星眨眼，有雨不远；有钱难买五月旱，六月连阴吃饱饭；清明要明，谷雨要淋；立夏不下，无水洗耙；头伏不下三伏休，三伏不下干到秋。

这种习俗沿袭久远，在人民群众的集体创作中被提炼成精辟的谚语，在当代科技尚未被运用或未传播到故乡时，这些农时气象谚语作为指导农民生产的宝贵经验发挥了重要作用。

除农业和农时气象等谚语之外，故乡的社会生活谚语也非常丰富。社会生活谚语包含了事理、规诫、修养、讽喻、社交、生活等内容。一些充满哲理的谚语，把人们立志修身、待人处世的经验教训总结得十分精辟。如，宁可贫长志，不可富失节；石看纹理山看脉，人看志气树看根；人是一样的人，血是一样的红；树靠根牢，人靠心好；有志不怕年少，有理不在声高。这些谚语强调人人都要有志向，从小就要立志向，有志向的人才会实现更大的社会价值。

还有一些谚语以比兴、夸张、对仗等修辞手法表达对他人、对亲长、对邻里的正确态度，鞭笞无情无义的丑陋行径。比如，人要实心，火要空心；交人交心，浇树浇根；一根灯草无二心；能唱过头歌，不说过头话；要得公道，打个颠倒；会说话的想着说，不会说话的抢着说；儿不嫌母丑，狗不嫌家贫；独柴不烧，独子不娇；伸手不打无娘儿，张口不骂年老人；一个老能养十个小，十个小养不了一个老；远亲不如近邻，街坊不如对门。

许多谚语以现实生活的贴切比喻规劝人勤劳俭朴过日子，体现出劳动人民勤俭朴素的传统美德。比如，吃喝穿戴量家当；要和人家比种田，不和人家比过年。

社会生活谚语，通过人民群众代代口传，逐步成为人们自觉遵从的思想道德准则和社会行为规范，成为民间教诲后代，处理人与人、人与乡里、人与社会关系的精神戒尺。

四

民间百姓，非常重视对神仙的祭祀。中华人民共和国成立前，每年开春，故乡都有办庙会的习俗，此时还要请来戏班助兴，各地商贾也来赶庙会，非常热闹。民间百姓相信神汉巫婆，怕鬼缠身。如有人生病时就请来巫师，问清是何鬼何神作祟，并作法驱之。

故乡民间以往出行有不少风俗和禁忌，比如有“七不出门、八不归家”之说，即逢七的日子不离家，逢八的日子不回家，还有十三日忌出远门，因“十三”音犹“失散”，不出门以免遭灾或与亲人失散。小孩子第一次过河，要向河里丢铜钱，意在祭河保平安，妇女乘船不能坐船头，以免冲撞河神。对路过的上了年纪的人可以周济施舍，但“六十不留餐，七十不留宿”，以免因难测的疾患招惹是非纠纷。

“万物有灵”的思想对人类社会初始阶段民俗的形成有极大的影响。神灵崇拜、鬼神信仰、吉凶趋避等在漫长的历史进程中，形成许多民俗事象，甚至成为人们的潜意识，随时在日常生活交往中表现出来。

除平常祭奠土地、春神等神祇之外，每遇大旱，故乡乡绅民众都要到龙王庙烧香礼拜，祈求龙王下雨，有的抬着龙王神像游乡，有的请和尚、道士设坛祈雨，以保丰年。

旧时人们认为自己的生死祸福，是“八字”命中注定。“八字”是人的出生年、月、日、时，以天干地支表示成八个字。人们每遇困顿逆境或要干某件事之前，就找算命先生算命，算命先生按照来人的“八字”结合五行、时辰、方位、流年、神煞等因素，追叙和预言吉凶祸福，并告诉趋吉避害的方法。算命可用多种方法，如卜卦、拆字、相面、看手相、掐时辰等。

儿童身体不适或得病，被认为是在外撞见了神灵鬼怪，吓掉了魂，傍晚时分，由母亲领孩子到门外，喊孩子的名字问："回来没?"家人答"回来了!"一直喊到屋内，让孩子安魂入睡。在我童年、少年记忆中，这种场景，在我、兄弟及众多儿时、少时乡党中比比皆是。

民俗中还有许多禁忌，如忌在坟地上建房，忌正对"丁"字路口建房，怕被"路箭"所伤，要在墙上砌一块刻有"泰山石敢当"的石碑，以化解危厄。年岁逢九认为是"关口"，民谚说"明九不算九，暗九是关口"，意即二九一十八岁、四九三十六岁等"暗九"包含的危险，更胜于九岁、十九岁等"明九"，逢这些生日忌张扬，要小心提防，以避过灾祸。老人寿诞、婚娶等喜庆日子，忌打破器皿，若打破了东西，要赶紧说"打发打发，越打越发"加以破解。穿衣服忌纯白和纯黑，因为这两种颜色与丧服、孝纱相关。

五

故乡婚俗主要表现为"一夫一妻""门当户对""父母之命，媒妁之言""同族不通婚"四大主题。婚姻习俗在明清时期大致相同，男女成婚遵父母之命，依媒妁之言。有的从问名到嫁娶，男女双方都没有见过面。男女成婚按照纳采、问名、纳吉、纳征、请期、嫁娶的程序办理。首先由媒人问得男女双方各自的出生属相月日时辰，把天干地支和金木水火土相搭配，推算出男女各自的命相，男女命相又按六合六克（如木水相合，木土相合，金克木、水克火等）相配，相合提亲，相克免提。被提亲男女双方相合，就把配成的八字（庚帖）放到男方家里神桌子上的香炉底下，在三天或一个月内男女双方（包括家庭）不发生灾祸，就正式决定开亲。

拿到八字后，男方要选择良辰吉日向女方家里送礼订婚。订婚后（也可与订婚同时）到女方叔父、舅父和分家的同胞哥弟家里送礼认亲。礼物最少四样，一般都用篮子装，称四色礼、五色礼等，礼吊（猪肉）不可少。女方亲属必须回赠“绿米”（绿豆、白米、青菜、葱、竹叶等）以示女孩子清白干净和双方亲戚关系长青（亲）等。结婚前，由男女双方及其家长商定同意结婚，并选定吉日。男方父辈至少要在儿子结婚一个月前向女方家送期单，如一个月的称“对月期”，并向三辈以内的直系亲属下请帖（接喝酒），还要请执客（司仪）。女方家庭接到期单后，就要赶做嫁妆（抽屉桌、大衣柜、箱子、脸盆、脚盆、火盆等），接（请）闺女的舅舅、叔叔、哥嫂、侄儿等送姑娘出嫁。送客的人多少，要看给嫁妆多少而定，如一抬就去两个，两抬去四个，四抬去八个，另加一个姑娘的晚辈送饭。女方家里也要请执客。

姑娘出嫁的头一天晚上宴请客人（客人送礼称添箱），晚饭后，把舅舅、叔叔等请到一起商定第二天送客的人，然后装箱。装箱时，舅父、叔父、姑父、姨父、姐夫、哥嫂等要在娘家陪嫁的衣物之外，给闺女的箱子里添点钱。装箱完后，由大嫂子把嫁妆锁起来，锁好后不能再开，钥匙交给送客中辈分最长的人（称带灯的）。

男方在结婚前一天要把执客等帮忙的人请到家里。晚饭后，火炮（乐器班子）在新人房里暖房（吹打乐器、高唱吉利歌）的同时，行人头（一般是姑父或姐夫担任）要清点并装好礼物。结婚当天，男方家门上要放算盘、斗升、秤等，以示招财进宝；挂镜子，以示照妖孽；并在各个门上贴上新婚对联，以示大红大喜；在中堂墙上斜贴“新婚之喜，童言不忌”字条，以防小孩无意之中说不吉利的话。

新郎亲自上路迎新娘，新娘坐在花轿里，没拜堂之前，双方不得见面，拜完堂，双双进入洞房，才得见面。迎亲时，上路的行人是单数，回去时加上新娘就成了双数。迎亲路上，乐器班子要不断地吹打，行人头要殷勤地发烟发糖。女方家听到火炮响后要闩上大门，娶亲的要在门外吹三出打三出（乐器三起三落，燃放三挂鞭炮，投递三次请帖），女方家才打开大门，迎接行人进中堂。行人进屋后，要吹三出打三出，才刹火炮。接着赠送礼品，拜家神，请姑娘的嫂子清点礼品和送封子（红包）。女方家用上等的酒饭招待行人，迎亲的人仍需在中堂吹三出打三出后，行人先抬出嫁妆，除下亲娘外，其他人一律禁止进入闺房。乐器响过三遍后，闺女由叔父、舅父或哥哥抱上花轿，以免闺女脚跟踩地，带走了娘家的财气。随后，一路有说有笑，吹吹打打把新媳妇接到婆家。

到婆家后，由下亲娘搀扶新娘跨过轿担，踩红毯，跨马鞍进入中堂。现在轿子换成了轿车。拜完堂后，夫妻双双进入洞房。洞房内生有炭火，以示红火，床上有枣子等果品，以示早生贵子。男方称送客的为“上亲”。上亲到家后，男方家按先白开水，再茶叶水，后鸡蛋茶的顺序敬茶，以示亲戚关系一步比一步亲密，姑娘日后的生活一天比一天甜蜜。茶后，上亲向男方大小厨子送封子后就开席吃饭。男方请有陪客，叔陪叔、舅陪舅，姑家老表陪哥哥。上亲坐上席正位，偏位坐陪客，其他席位坐散客。饭后，男方在洞房里摆茶桌招待上亲，上亲要当面向姑娘的公婆讲一些很礼貌的客气话，并把钥匙交给婆婆，告诉啥时间接姑娘回头趟儿，随后就告别回家。上亲离别时，男方要给每人送一包礼品（糖、烟等）。也有路程远的上亲当日不回，但休息的地方一定要安排得远离洞房。结婚当天晚上，男方家里闹洞房。次日早晨，新娘下厨房切面，面里卷有筷子，以示快生。新娘三天后回门。女子出嫁后，每年正月十五、端午、八月十五，娘家要去接姑娘回家过节。

民国时期，故乡有收童养媳的习惯。童养媳一般到 16 岁就拜堂成婚，时称圆房。如果年轻时死了丈夫，再嫁人，称半路夫妻。半路夫妻半路接（男方接亲的在半路等女方）。如果是招上门女婿，则所生孩子要改姓女方姓，以示继承家业。

如今，童养媳现象也已彻底消除，儿女的婚姻大事完全由父母安排并且服从父母安排的现象基本已不复存在，大多是自由恋爱。

现在家庭成员之间仍然保持着血缘上的互助，过去分家一说已经无从谈起，因为现在两代人很少在一起生活，取而代之的是更多独立自由的小家庭，而且星散在四面八方。

六

故乡对生小孩很讲究，妇女怀孕后，口味有变，有“酸儿子、辣女子”的说法。产后喝红糖水和甜浮子酒，吃鸡蛋、鸡肉、鱼等一些滋补食物，以促产妇身体恢复和多产乳汁。没满月禁生人（娘家人除外）入产房，以免“踩奶”。产妇未满月禁止进入邻居屋内。满月后接吃满月酒，以示庆贺。小孩周岁时外婆等主要亲戚要表示庆贺，当天在桌子上摆上各种玩具或其他实物，让小孩自行抓取，以抓取物品来判断小孩未来的爱好或长处。穷人生孩子一般没有以上那么多讲究，俗有“吊大的葫芦把儿不歪，哭大的孩子不生灾”“小时穿片子，长大穿缎子”的说法。

祝寿也有讲究。年轻一点的叫“过生日”。一般情况下，每年生日都做一点好吃的饭菜庆贺一下，逢九要特别一点。习惯上是明九（十

九、二十九等）不算九，暗九（四九三十六、五九四十五等）人发愁。条件好点的就大宴宾客，以示消灾免祸。祝寿是年龄较大并且父母双亡者才能举行，因为老辈子在世，儿女年龄再大也还是孩子，不能祝寿。祝寿迎前不迎后，即在生日的前一天中午或晚上举行。庆贺按虚岁，不按周岁。祝寿礼品有寿桃、寿面、寿酒、寿点（果子包等）。祝寿这天早上和当天宴席上要吃面条，称长寿面。

七

人生最不幸的事有三种：幼年丧父，中年丧夫（妻），老年丧子。有儿有孙的老年人去世丧事最隆重。年岁大的老辈子在世都要准备棺材、寿衣（老衣）等。老辈子咽气后，要马上烧“落气纸”。死者若为女性便要为其梳头，若为男性要为其剃头。洗澡后，穿寿衣，七件、九件、十一件、十三件不等，讲究穿单不穿双，寿衣穿好后，下榻一会儿就入殓，同时儿孙都戴上孝手巾。没入葬前，长子要跪拜迎接客人，其他的亲生儿女也不得坐凳休息。从死者落气之日算起，每七天为一期，七期四十九天尽期，每期烧纸上供品。孝期一般为三年。孝期过年，门上不能贴红对联，绿的、白的都可，不知情的外人、路人从此路过，一看就知这家丧过家人。孝期完后，只是清明、逢年过节或遇红白喜事才上坟祭祖。

八

故乡节日之俗早已有之，据《郧县志》所载而录，重要的节庆之日很多。

正月初一、初二、初三，一连三天，最好顿顿吃饺子。三天（正月初三）烧了门神纸，各干各的旧营生。初五，称“破五”，早上、中午吃饺子。“破五”这天禁动刀、针、杖等（初四剁馅儿和擀面叶儿），以免这一年出现动刀、争嘴、打仗。过春节要拜年，习俗上是初一、初二不出门，初三、初四拜家门（包括岳母家），初五、初六拜舅家，初七、初八拜亲朋。晚一点也可以，乡党们常常说：有心拜年五月端午以前。现在也有乡党把它改成：有心拜年腊月三十以前。由此可见，这一习俗乡党们早已不再遵循，正月初一起床后，想给谁拜就给谁拜，这就叫“任性”。

正月十五，早餐吃汤圆，中餐吃蒸饭，晚餐吃元宝即饺子。十六玩花灯，花灯以龙灯为代表，一龙带九蛟。花灯以动物为名的有龙灯、蚌壳灯、竹马灯、凤凰灯、蚂蚱灯等。玩动物灯者需借助道具，模仿动物的动作，或跳，或扭，或飞，或舞。以色彩命名的有彩船。彩船前有太公（荡船的），后有摇婆，中有坐船的，每边各有两个丫鬟，一边站有乐器班子。彩船以独唱、联唱为主。唱到精彩处，看灯的也会帮腔唱起来。一边唱，一边拉二胡，敲火炮，唱花鼓子，喊八岔子，道数来宝。唱的内容以吉祥、发财、祝福、规劝为主。彩船表演过程中有上滩、卧滩、拉纤等，以表现汉江两岸人民对汉江的认识和与自然搏斗的协作精神。正月十六过了以后，彩船就收起来，年终再扎花、糊船，准备下年正月再玩花灯。现在玩花灯基本上难得再见到。

二月初一为中和节。二月初二，农谚曰："二月二龙抬头，大家小户使耕牛"，乡党以各种与龙相关的民俗活动来祈求平安和丰收。这一天适合理发，尤其是小孩，剃头铺、理发店这天异常繁忙，恨不得一年365天天天如此。二月十五为花朝节，种瓜育苗，为春耕的开始。

三月清明日，祭祖拜墓，剪清明吊、烧香，以表祭祀之意。或约亲友拜墓后，提着酒到郊外看山游览谓之踏青。

四月初八为浴佛会，于此日浴佛。

农历五月初五过端午。初三以前接姑娘过端午。初四晚上包粽子，煮粽子、鸡蛋、大蒜，泡雄黄酒。初五早上起床后要早点去割艾蒿，采野茶。门上插艾蒿，身上戴艾蒿。传说"五月端午不戴艾，死了变螃蟹"。早饭吃粽子、鸡蛋、大蒜，喝甜酒等，还要在耳朵、鼻孔处擦雄黄酒，以防夏天蚊虫叮咬或钻透。有的还在这一天给小孩做个雄黄香抽（香袋），绑上红彩线，戴在脖子上，以示避邪。

六月六日为天贶节，家家都晒衣晾书，以免生虫。

七月七日为牛郎织女相会之日，家里幼女把豌豆浸入水中，令芽长数寸后，用红线绑之，名曰巧芽。到了晚上，幼女烧香在庭院瓜果藤下乞巧，用瓷碗盛水取出芽子投之，又在月光下照着看，影如彩、花瓣或看似鱼、龙在游戏，称之为得巧。

七月十五日为中元日，传统上称"七月半儿"，也有说"鬼节"的。此日要给故去的亲人上坟烧纸。各家都摆设祭品祭祀祖先。至晚上在大门外焚香柱，斟甜酒，兼祭已亡的亲友。《荆楚岁时记》记载，七月十五，僧尼道俗奉盛水的兰草盆供奉各种佛，又在河的中央放灯，伴着梵音钟声彻夜不停。

八月十五日为中秋节。十五这天，中午吃蒸饭，晚上家家做月饼，做成各式花样的月饼相互馈赠。等到月亮要出来时，摆出瓜果和酿酒，放在庭院并烧香，这时大街小巷已是灯火辉煌，大家都在共庆团圆。

九月九日是重阳节，这一天大多数家庭做黄酒，俗语："我打花掌九月九，九月菊花做香酒"，喝菊花酒以延寿，佩茱萸香袋以避邪。

十月初一，祭先人拜祖墓，与清明一样用纸剪一些花绘样式的纸服，和着香一起烧或挂在坟上，意谓送寒衣。

十一月冬至日，农田的事基本完成，家家摆设酒及美食供奉祖先。大家族必聚家人于祠堂虔诚祭祖，即遵守家族的礼仪节。

十二月初八，用五谷掺和煮的粥和菜谓之"腊八粥"，凡是酿酒的农家一定取腊水，以保证酒不变质。酿醋的，也会取腊水煮红高粱为粥，盛于缸中封固，等到来年春上，即可造醋。

吃了腊八饭，就把年货办。腊月二十三（也有二十四的）过小年，家家烙灶饼馍，按一月 1 个，一共烙 12 个。锅筷碗杖洗得干干净净，送老灶爷上青天，面见玉皇大帝，汇报这家人一年的生活情况，都愿老灶爷上青天多说好话。故旧时祭灶有"上天言好事，回宫降吉祥"的联语。

腊月三十过大年为除夕，早上贴对联，中午祭先辈后，家家吃团年饭，全家聚在一起，按男、女、长、幼分别坐定，共进佳肴，谓之延年饭。晚上吃元宝即饺子，炉子烧得红红的，家人围坐在一起交谈，谓之守岁。深夜 12 点家家放鞭迎接老灶爷回家，并烤火，以示红火和熬百岁。

九

宗族制度在元代有较大发展，同姓者聚族而居，往往整个村落皆属一个宗族，无一杂姓。在明清，故乡大多数家族"世族皆修家谱，建宗祠”。

祠堂是宗族聚会与敬奉祖先圣灵之处，也是维系宗族制度的中心。同族聚居一处，往往多达数百户，他们立族长，“家法一听长约，先公家之急”。每年祭祖时，百十里外的族人都踊跃聚会一处，焚香点灯祭祖，按尊卑长幼之序，行八拜之礼；清明扫墓后，复祭于祠堂。每隔五年或十年，全族举行盛大集会以祭祖，按支系门派摊派羊、豕，每至百余头，陈列香案，摆出古玩、器皿，还配备尽可能庞大的仪仗、鼓乐队。族大丁繁，参与祭祖的队伍动以千数，至墓前奏乐行礼毕，将祭品羊、豕均分宴饮。这就是后人所说的“吃清明”，即清明会。中华人民共和国成立后，不再有乡党修建祠堂，原有的祠堂大都挪作他用，年久失修。时至今日，在故乡，能见到残迹的除楼房沟的焦氏祠堂外，其他的已无踪影。

乡党们习于认老乡、认家门，甚至认同庚。民间谚语和俗语有深刻的表达：“老乡见老乡，两眼泪汪汪”“美不美，家乡水；亲不亲，故乡人”“官大一品，不压乡党”。这种乡缘风土意识把每一个人都融入一定地域的社会群体之中，为本地域、本群体的利益和荣誉而努力。

乡土情结在生活在外地的人身上表现得尤为强烈。当一个人远离家园，周围是不熟悉的人群和生活环境、风尚习惯时，就会产生一种游子浪迹天涯的感受，偶遇素不相识的同乡人或见到家乡的物产，都会产生极为亲切的感觉。许多阔别故土的乡党回来，一踏上故乡的土地，见到久别的亲人和乡邻，都会热泪滂沱，长跪相拥，抒发对故土乡亲魂牵梦绕的爱恋。

第六章 乡 愁

人生在世，除有衣食住行等物质层面的需求，还有文教信息等精神层面的需求。特别是精神层面，人们眷恋之情尤深，思念之心尤切，这种对故乡永恒的情感，曾经催发诗圣杜甫触“梅”生情，作诗咏叹乡愁。故乡南化塘，虽无雪梅互映的雅致，却有着独特的乡风民俗，寓教于乐。诸如那讲故事（俗称“拍古今”）的妙趣横生，唱山歌、田歌的高亢激越，唱灯歌、儿歌的轻快活泼，唱孝歌（俗称“打待尸”）的如泣如诉，哼小曲（又称“小调”）的愉悦欢乐，演花鼓戏（又称“二棚子”）、皮影戏的坐唱念打，无不令人在娱乐中受到教化，还有那曲艺节目演唱的“大汉江”“小汉江”“锣鼓歌”，闹花灯玩耍的舞龙灯、舞狮子、划旱船、打蚌壳，也都令人在艺术享受中得到教益。故乡的文化重在社会教育，故乡的学校，包括村塾、祠塾、家塾、学馆，则是专职教育，古往今来为国家培养了众多人才。故乡山清水秀，草药茂盛，昔日治病疗疾多为中医药，中华人民共和国成立后设立卫生院，救死扶伤。故乡南化塘的“塘”，即昔日传递军报、公文的驿站。后来靠骑马传递信息成为历史，邮政、电信、电话、电报、快递，应运而生，你追我赶，如今又出现了被称为“掌中宝”的手机，与时俱进，畅行天下，打电话，发信息，视频聊天，方便之极。诗圣如果在天有灵，恐怕又要赋诗一首，咏叹新的乡愁。

一

先说讲故事。当年故乡文化的贫瘠，有一句俗谚说得透辟：“山里敲犁面，大人娃子来一半。”乡下人地里干活，永恒的话题是最原始的男女情事。

我最早的文化教育和文学启蒙，并不像现在的小孩，开始会说话大人就教唐诗，而是在每晚入睡前父亲讲故事中起步。50 多年前，素有“故事大王”称号的父亲，究竟给我讲了多少故事，已无法记起，依稀记得大多都是神话、历史典故、风土人情等题材。可以说，故事是我童年、少年时期父亲送给我的最好、最珍贵的礼物。乡党中像我父亲一样会讲故事的人不说比比皆是，至少也在三分之一或半数以上，而听过故事的人除了聋哑人，应该是百分之百。

故乡广为流传的故事是由世代乡党在劳动、生活中，用口头创作并流传下来的集体作品。乡党们在田间劳作的歇息间，在雪雨透地的农闲间，在走亲串友的相逢间，甚至在路途偶遇的闲聊间，都会“穷夸哒”几个有趣的“传闻古记儿”。这种“固化了”的文化现象，伴随着人们的日常生活，逢年过节、婚丧嫁娶、生老病死、上梁盖屋，甚至出门行路等过程之中都会发生这种文化现象。故事所涉及的时间，上至远古时期，下至当代。触及的人物包揽三皇五帝、平民百姓、忠奸贤恶、市井百工，内容既有道德价值规范，也有平时生活语言、行为准则，大多故事从历史、地理、风土人情、社会变革、宗教信仰、自然风光、人文景观等多个方面、多个层次、多个角度，折射出故乡乡党们的生活状态、精神面貌、聪明才智和社会发展轨迹，如《白蛇与许仙》《背时的土地爷》《蠢才骂秀才》《人变狼》等，可谓包罗万象，无所不及。

这种源于生活、伴于生活、与生活紧密融为一体的民间故事，正是民间文化代代相传、永不灭绝的主要原因。

二

再来说说唱民歌。在漫长的岁月里，乡党生活极为艰苦简朴，没有享受丰富多彩文化生活的条件，唯有民歌是他们最好的伴侣，能够帮助他们进行生产劳动和社会交往，也能为他们传授知识，抒发感情，消愁解闷。可以说，民歌是劳动人民的心声，它直接道出人民群众的劳苦和幸福、所爱与所恨，叙述他们所受的损害和污辱，表现他们的反抗斗争，吟唱他们熟悉的人事景物。因此，民歌的题材内容是很广泛的。

流传在故乡的民歌很多，有山歌、田歌、风俗歌、小调、灯歌、儿歌等。

故乡传唱的民歌主要是山歌，内容既有传统的也有近现代的。传统山歌大部分是反映劳动人民反抗封建压迫，讽刺和嘲笑封建统治阶级的内容，也有诉说劳动人民苦难和揭露世道不公的内容，如“太阳下山快下山，卖工的人儿够艰难，一天三顿麦仁饭，一无盐，二无油，工钱就拖在下半年。”也有一部分传授文化知识的，如《三十六朝》《十二个月唱古人》《杨家世代是忠良》《山伯访友》《孟姜女哭长城》等；有的通过猜谜问答的形式，传授天文、地理、生产、生活多方面的知识，如《对子歌》《歇后声》《十字歌》《莫叫号子冷下来》等。在这些民歌中，通过对历史事件的回顾，既传播了历史知识，也反映了人民群众对历史人物的褒贬。那些以民间传说为内容的叙事民歌，生动地流露出乡党向往幸福生活、憧憬美好未来的思想感情。而那些活泼风趣的对子歌、猜谜歌、十字歌、珍珠倒卷帘等，则是人民群众传授知识的活教材，也体现着劳动人民的智慧和幽默感。

有关恋爱、婚姻的题材内容在故乡民歌中所占数量最多，所谓“无郎无姐不成歌”。这些民歌，比较真实地反映了乡党们在恋爱、婚姻问题中的喜、忧、得、失，悲、欢、离、合，如“郎唱山歌姐要听，莫做装聋卖哑人，唱歌好似在说话，说话好似在交情，山歌就是做媒人。”当青年男女两情未通的时候，他们常用歌声来表达自己的思慕向往之情。

田歌是农忙季节人们在水田或旱地里集体劳动所唱的歌，过去一般统称为“山歌”。但因其在演唱时间、地点、形式以及曲式结构上，都有自己的特点，故归为一类，称为“田歌”。

故乡山大人稀，居住分散，过去一般都是广种薄收，自古以来就有“栽种则击鼓讴歌”的习惯。每到栽种藤草季节，农活集中繁重，时间又非常紧迫，人们很自然地采取了换工互助的形式，一般是二三十人甚至五六十人组织起来，进行集体劳动。做完一家的农活，再转到另一家去突击。这样，很快就把一村一寨家家户户的农活都抢出来了。田歌就是在这种突击性的集体劳动中，伴随着劳动节奏唱出的曲调，主要是“薅草锣鼓”和“打夯歌”，例如，“如今不是闲时候，倒插杨柳也生根，野鸡站在坟头上叫，一声惊醒梦中人。”

风俗歌主要是人死后办丧事唱的待尸歌。在故乡，老年人去世俗称“归天”，视为“白喜事”。每逢白喜事，亲朋邻里都赶来孝家聚会，既是悼念死者，也是安慰生者。传统的习惯是，在出殡的头天晚上，通宵守灵，要请会唱歌的歌手到家中演唱挽歌，形式是一人打鼓，一人敲锣，围着棺材边转边唱，一般是打鼓者兼歌手，唱累了敲锣的可以替换唱。这种守灵闹夜的仪式叫“打待尸”，丧歌内容广泛，有历史故事、神话传说、趣闻笑谈、爱情故事，以至名山大川、花鸟鱼虫、破谜答题、赛歌斗智等内容无所不包，往往是从盘古开天辟地一直唱到明朝、清代，包罗万象。丧歌中尽管有的唱词带有封建迷信色彩，但它反映了特定历史时代特定地理范围内的风俗民情，从而也就具有不可忽视的科研价值。

故乡的小调是曲调比较固定的短小抒情歌曲，有生活小调、劳动小调、生理小调、爱情小调等，一般大人小孩都能唱上几首，内容丰富，朗朗上口，曲调流畅，优美动听。因“调”字在民间习惯用法的含义是“曲调”，所以小调也常叫作“小曲”，大部分是由山歌、田歌中的歌腔，通过长期传唱逐渐定型形成的。小调在民间的演唱形式，有人们在干轻活时自由地轻声哼唱，也有人们在室内或庭院中坐唱，还有职业或半职业艺人为谋生而进行的营业性演唱。由于小调有职业艺人或半职业艺人传播，广泛接触城乡不同的阶层，因而也就有各种社会阶层的人们直接、间接地参与它的创作和加工。所以，小调是具有较多艺术加工的民歌体裁，歌词句式结构比较多样，曲式结构也较山歌、田歌多样而富于变化。

灯歌是逢年过节、社火灯会期间，在人群围观的场所演唱的民歌。故乡的灯歌由来久远，《郧阳府志·风俗篇》记载：“俗信巫畏鬼，最重神祀。春和元月，架木为台，奏梨曲，名曰春会。商贾毕集，士女如云。”在漫长的岁月中，逐渐由“娱神”变成了“娱人”，也就是“自娱”。春节、元宵期间，民众相聚，借灯会、花鼓子、故事等，互相酬唱，庆贺当年，预祝来年，自娱自乐。

山坡锣与灯歌的歌唱形式有些相似，都是独唱、对唱加锣鼓伴奏或帮腔，但两者也有明显的区别。除前者在坡上、田间演唱，后者是在村镇街头广场演唱外，更主要的是灯歌的节奏比较有规律，曲调欢快活泼，适合表演，在玩船灯、蚌壳灯及其他花灯时，边玩边唱。玩灯告一段落时，还会穿插表演各种歌舞节目，如采茶、绣花、打莲湘等，活泼风趣，气氛热烈。

儿歌歌词大都是生活中常见的、基础的、儿童最容易接受的内容，如“月亮走，我也走，我给月亮赶牲口，一赶赶到老河口”“烤烤脚，上后坡，后坡上一个野鸡窝；野鸡窝里十二个蛋，拿回来给奶奶看”等。

在故乡28个村数百个村庄中，唱民歌最有名的当属西河村的小干沟。三四十年前，在小干沟几乎家家户户，大人小孩都会唱，最多的能唱几十上百首，最少的也在三首以上。生在小干沟，长在小干沟，后嫁到南化街的黄福英，鲍鱼沟口的黄福泽，她们三天三夜不歇都还唱不完她们会唱的民歌。令乡党们惊叹的是，她们俩大字不识一个，啥歌都会唱，且唱出来的歌词几乎没有差错。

1940年出生，如今已80岁的黄福生也是小干沟人。1968年，他从武汉师范学院（现湖北大学）毕业后分配到襄阳市枣阳教书。因思乡情浓，4年后申请回到故乡，在南化中学一干就是12年，后调到县委党校直至退休，育学生数千，桃李满天下。如今，他仍在写郧阳、唱故乡，一片赤子之心让人敬佩有加。

三

再来说说戏。故乡颇有地方特色较具有代表性的剧种是郧阳花鼓戏，又称二棚子戏，它是周边的琴子调、八岔子、彩调等戏曲传入本地后，与地方方言、音乐融合而形成的独具地方特色的戏曲。

30年前，故乡遗存着几座古戏楼，一到年节，南化街古戏楼舞台上点着的两盏大汽灯把台上台下照耀得如同白昼，场子上扶着老人的、拉着弟妹的、架着小孩的、前排坐在凳子上的、后面站在板凳上的……黑压压挤满里三层外三层。人群之外，卖纸烟、瓜子的，卖水果糖、芝麻片的，卖米花片、棒棒糖的，卖汤圆、馄饨的，都挑着挑子，点起风雨灯在人群外围形成一个包围圈。

“内行看门道，外行看热闹”，古今皆然。这么多人涌来，大部分为不知看了多少遍的戏的剧情所吸引，但也有为看场子上的大姑娘小媳妇来凑热闹的，更有些老头老太指着台上俊俏飘逸的小旦、小生连声道：“那不是隔壁的刘老五么？”　“吆，老张的小女子一上台好排场（漂亮）啊！”

西河村的刘世玉是乡党公认的才貌俱佳的“名人”。当年，几乎是无她不成戏。依稀记得，30 年前的春节，她因连唱了三天大戏，一下子累倒了，不能上台。乡党们没戏看就像现在中央电视台年三十没播春晚，总觉得缺点什么，纷纷带着鸡蛋、黄酒等到医院探望慰问，盛情之下刘世玉只好白天打吊瓶，晚上带病上台，继续扮演乡党们已看了多遍的《穆桂英挂帅》里的佘太君。

那时唱戏，为防止大段的台词出错，往往在幕后有一人点着小油灯，看着剧本快速小声念着“提词”。“提词”者往往都是百里挑一的机灵人儿，能边看剧情边看剧本。

我三爹赵俨然、家门姑父刘世玉的侄儿刘昌，都是集编剧、导演、演员于一身的“大家”，按现行职称评判标准，至少也能评个中级以上职称。

像我这样 20 世纪 60 年代出生的人，对样板戏，比如《沙家浜》《智取威虎山》《红色娘子军》《白毛女》《红灯记》等不仅不陌生，而且全都看过多遍。许多人物和台词如《红灯记》中的李奶奶、李玉和、李铁梅等记忆犹新，偶尔还能哼上几句李铁梅唱的《都有一颗红亮的心》中的“我家的表叔数不清，没有大事不登门。虽说是，虽说是亲眷又不相认，可他比亲眷还要亲……”

乡党们看的样板戏多来自电影，看的次数多了，区上或村上的干部，便组织以前唱过戏或对戏曲感兴趣且有天赋的人，模仿电影在家门口戏楼演戏。演出舞台十分简陋，正中间两头立两根杆子，用七拼八凑缝织起来的蓝布或黑布当幕布，将台子一分为二，前为演出场，后为换衣服、道具及演员的候场地。

某日，区剧团到本村演出《红灯记》，当演出到高潮处，铁路工人、地下党员李玉和因王连举叛变而被鸠山邀请赴宴，临行前，李奶奶知道这一去凶多吉少，便用酒为李玉和送行。李玉和借酒抒情，表达有家人支持会坚强，自己一定会与敌人周旋到底。同时也嘱咐李铁梅，要坚定信念，照顾好奶奶并协助奶奶开展工作。唱词如下：“临行喝妈一碗酒，浑身是胆雄赳赳。鸠山设宴和我交朋友，千杯万盏会应酬。”

以前，演到这出戏时，饰演李铁梅的演员迅速到后台，端起一个盛有水的大碗，当作酒递给李玉和。有一次，饰演李铁梅的演员迅速跑到后台，一看不知谁把水给喝光了，只好返回前台说：“奶奶，酒没了！”饰演李奶奶的演员一听，先一怔，而后马上镇定下来，对李铁梅说：“没有白酒换黄酒！”示意她再下去。这“李铁梅”还算聪明，转身跑下，本想把空碗端上，但转念一想，端上去没水怎么办？又放下跑出：“奶奶，黄酒也没有了！”这一下饰演李奶奶的演员有点生气，正要李铁梅再下去，饰演李玉和的不愧是老演员，深知“救场如救火”，开口便唱道：“临行喝妈一碗酒，没有白酒换黄酒，没有黄酒我走球！”台下观众先是一懵，而后哄堂大笑。

李玉和到鸠山司令部后，见手臂受伤打着绷带的王连举也在，知道他已叛变，十分生气，原本应手指着王连举怒斥道：“王连举，你这个叛徒，你让鸠山抓我，一心想弄到密电码，休想！”饰演李玉和的演员，见上一场戏的救场戏观众喜欢，效果十分好，便灵机一动，把这段唱词又给改了：“王连举你个王八蛋，你让鸠山抓老子，一心想搞密电码，你个狗日的今天要搞得成才稀奇儿！”

观众笑声更大，一浪压过一浪。这一笑就笑了几十年且现在提及此事还大笑不止。

农村演戏，观众与演员都不太拘泥于固定的台词和唱词，反倒喜欢那些能调侃、会搞笑的演员。这些演员，也常常以此为荣。

四

故乡地处鄂、豫、陕三省交界之地，历代传承的文化脉络并没中断。民间流行的曲艺为郧阳四六句，分为山腔、平腔、沓腔。山腔高昂、奔放、粗犷；平腔比较轻快、起伏不大；沓腔，声调中既有轻快优雅之处，又有稳重低沉之音。

传唱的曲调有着很严格的“曲牌”，如“诗片”“大汉江”“小汉江”等，或激昂或慷慨，既可独唱，又可合唱。

皮影戏在故乡也曾流行，影人是用羊皮和牛皮制成，光源为桐油灯，幕布用白布。表演时，一人撑杆操纵影人动作，边耍边唱，一人演奏打鼓敲锣、击梆子等，一人拉胡琴，一人吹唢呐，剧目多为历史传记、神话戏、寓言故事等。

民间文艺相互融合，逢年过节特别是春节期间，大村小庄的人们都自发舞蹈，较为普遍的有舞龙灯、舞狮子、踩高跷、赶毛驴、划旱船、挑花篮、渔翁捕蚌、猪八戒背媳妇等。民间传统体育活动多与游艺竞技活动相结合，舞狮子、划龙船、舞龙灯等传统项目不断传承。农村俱乐部，自编自演，把节目送到田头地边，活跃农村文化生活。

五

昔日乡党们的另一大型文化享受是看电影。电影并不是月月都能看，三月半载才能看上一回。记忆中，固定在南化街露天电影院放映，票价最开始是五分钱，到电影院拆除时票价涨到了两三毛钱。小时候，对电影有一种割舍不断的情怀，每当看到贴着的当日播放的电影海报，就抵不住诱惑，总想去看，而大人绝不会给那五分钱，便只好到电影院门前想办法。看到拿着票又没带小孩的，便甜甜地喊着叔叔阿姨央求带着进去；胆大的则等天黑结伙叠罗汉翻墙而入；也有怕翻墙危险，另想办法的，带铁钉、抓钉类工具，从围墙外画砖缝掏砖扒个洞钻进去。一句话，想看场电影，难啊！

按上级下达的任务按村轮流放映的是不要钱的电影。电影放到哪个村，消息都会提前一天或半天传遍村里的旮旮旯旯，那个村就像过节一样热闹。有时翻山越岭跑十几里山路，看除了前面的一段新闻纪录片是新鲜的外，已经看过好多遍的电影，不是《地道战》就是《地雷战》之类的老影片。等到一切准备就绪，如电筒般的光束洒在银幕上，调皮一点的伙伴就不停地把双手伸进光束中，做出各种各样的形状。

等电影开映，月亮已经偏西了。但跑远路看电影的年轻人并不在乎电影本身，放映点可能有亲戚，顺便去吃一顿饱饭。看人看热闹，山里姑娘每逢这个时候，总会把自己收拾打扮得漂漂亮亮的。有些姑娘的未婚夫也会来，胆大的会借机亲热一番。

集体看露天电影，跑船灯、舞狮子、唱地方戏等都是乡党平时或逢年过节时的重要娱乐活动。随着时代的变迁、社会的发展，现在古戏台早已荡然无存，会讲故事、唱民歌、唱戏的越来越少，只可惜老的文化传承人已经年迈，有地方特色的传统习俗或田间文艺也渐渐销声匿迹。帅小伙们外出打工，美少女们嫁进城市，电视退到卧室，大多数人的消遣娱乐方式是看电视、打牌。留守的老少守着电视机便知天下事。即使是正月，也难看到公共活动了。走村串户地拜年，客人们通常也只是领根烟，甚至连水都来不及端一杯，便直接赶往下一家，就是为了去牌室，或者回家看电视。

六

自古都有“文以载道”之说，而“载道”的“文”就是教育。从历代君王到县乡官员、土豪富户都明白“治国以教化为先，教化以学校为本”，因而他们对教育大力倡导并力所能及地办学兴学。

故乡的教育开始于何时无证可考。查史料得知，故乡自明代初至清代的教育是传统教育，教学机构主要有私塾、义学、社学。私塾按学习内容分蒙馆和经馆两类，蒙馆面向儿童，经馆面向少年。经费来源分四种：一是村塾。由一村较富之家邀馆组建，学生每人每年给塾师斗米、斗面、斤油、斤盐和木柴两担。另据学生年龄大小、教育程度高低、家境贫富议定全年学资。二是祠塾或称族学。由族长延请塾师，其薪俸全由家族祠产供给，全族子女均可入学。三是家塾。由豪绅富户一家或几家聘请生员、举人教其子女，学俸较优。四是学馆。由塾师自己设馆收徒，根据学童年龄、程度、家境酌情收取学费。一般一名塾师只教数名学生，此类塾师生活较清苦。启蒙阶段课程内容主要有《三字经》《百家姓》《千字文》《增广贤文》《教儿经》《女儿经》等。稍进一层则有“四书”（《大学》《中庸》《论语》《孟子》）“五经”（《诗经》《尚书》《礼经》《周易》《春秋》）及《唐诗三百首》《古文观止》等。1941 年私塾改为保学。

义学（义塾）大体有两种：一是由官方主办的，塾师薪俸由义田义地租课付给；二是由地方开明绅士或热心教育的人士捐助设立，主要提供贫寒子弟免费入学就读。

社学，清初曾倡导每乡设一所社学，校舍为地方捐献的公产，教师也由地方选聘。社学普遍设立于康熙九年（1670 年），凡府、州、县每乡置社学一，选择文艺通晓、行谊谨厚者考充社师，免其徭役，给饩廪优膳。社学子弟学习成绩优秀者，可以升补为府、州、县学的生员，已为府、州、县学生员者，如果考核名列五、六等，则有可能被遣发社学。清代学校体制几经变化，最重要的是取消了科举制度。光绪二十八年（1902 年），清廷下诏《钦定学堂章程》，改书院为学堂。光绪三十一年（1905 年）下诏停止院试、乡试、会试，从此废除了沿袭千年的科举制度，新式学校日益增多，学术思想日渐开放。

像故乡这样经济不发达的地方，能上私塾、义学、社学的少之又少。可以推测，百年前乃至更久远，乡党中能识文断字的肯定是凤毛麟角。

1935 年 10 月，湖北省教育厅在故乡开办第八短期小学，这就是如今南化小学的前身，算起来距今已有 80 多年的历史。1941 年，为配合新县制的实施，短期小学改为乡中心国民学校，当时的教师有赵懋勋、吴锡钢、杨贡爷、胡贡爷、杨得厚等。

据有关资料显示，中华人民共和国成立初期，全国 80%以上的人是文盲，故乡文盲的比例肯定比这还高。好在国家高层清醒地认识到，要把中国从一个落后的农业国改造成一个现代化的工业国家，增长劳动者的科学文化知识才是根本。从1954年起，一场轰轰烈烈的扫盲运动在全国范围内展开。农民扫盲主要是办夜校，当时有首歌叫《夫妻识字》唱道："黑格隆冬天上，出呀出星星。黑板上写字，放呀么放光明。什么字，放光明？学习，学习二字我认得清。"那时，无数乡党就是唱着这首歌曲，走进了扫盲班的课堂。

1955年，故乡私塾全部取消，改为民办小学。1956年8月，县里决定除鄠县一中外，再增设四所初级中学，即在柳陂设二中，在白桑设三中，在南化塘设四中，在黄龙设五中。南化四中即为如今南化中学的前身，距今也有60多年的历史。1961年，除鄠县一中、白桑三中、黄龙五中保留为全日制中学外，其他转为农闲中学或停办合并，南化四中转为农闲中学。

"文化大革命"期间，故乡遭受损失的不仅是经济，社会事业也受到严重摧残，首当其冲的便是教育系统。"文化大革命"开始后，南化中学及各小学纷纷停课。1969年复课后，小学中低年级学习《毛主席语录一百条》，高年级学习《毛主席语录》、"老三篇"，或读报纸、学社论、写体会。当年中心小学和大部分大队小学开始复设初中班，办"戴帽"初中。中学数量发展过快，校舍、师资、设备等办学条件跟不上教育教学需要，只好因陋就简，凑合应付。大队支部书记或革委会主任担任校长，发放毕业证由大队书记签章。教材省编，开设政治、语文、常识等课程，教学质量非常低下。很多高中毕业生，连百分比都不会计算。特别是在极"左"思潮和"读书无用论"的影响下，教师，特别是有学问的教师被赶下讲台，甚至下放农村劳动改造，正在成长的青少年的学业被耽误，旧的文盲未消除，新的文盲又大量产生。

中华人民共和国成立后，从外地分配到故乡的大中专毕业生和从故乡考上大中专学校毕业后又回到故乡的乡党，大多数在南化小学、南化中学、黄柿中学等条件稍好的学校任教，他们对故乡教育事业的发展功不可没。据赵全仁、计崇庆、吴兆铭三位老先生回忆，南化小学有刘连理、刘全恒、刘全庆、计崇庆、吴兆铭、徐凤英、张玉华、孙昭民、梅玉茂、石洪军、杨道玉、刘文俊、罗盛亭、郭朝盛、曹精乔、朝晋民、赵全仁、孙家训、陈淑贞、何莲芳、李兴鼎、李久忠等。南化中学有符乃贞、杨明智、陈俊士、黄玉刚、杨书申、金晓正、温治林、周良文、陈发美、黄志雅、高荣榜、骆怀霜、龚帮栋、李有华、夏正德、姚明理、姚承修、蒋宗明、何世贤、胡国礼、杜克亭、鄢元白、王怀策、孙景略、王学农、申明三、李德录、朱光申、方世杰、闫峰、吴文芳等，他们都是中华人民共和国成立后的大中专毕业生，原本可以不分配到故乡这个有水路能通船却只载货不载人，有公路却只走马车、货车，不通客车的偏远乡镇，可他们服从组织安排，来到了故乡，一干就是十年、二十年乃至终生。他们是故乡教育事业的奠基者，是故乡教育事业的功臣。如今，他们大多都已作古，健在的也都年过八旬。正是他们奠定了故乡教育事业的基石，他们的学生及学生的学生，当上教师后，教学水平整体高于其他乡镇，使南化中学升学率在全郧阳区一直名列前茅，培养出了一批又一批遍布郧阳区、十堰市、湖北省乃至全国、全世界的行业骨干、精英人才。

我们更不能忘记的是那些为故乡教育事业起到启蒙和普及作用，十年、二十年，乃至一辈子都辛勤耕耘在偏远的片区、村办小学和教学点的教师们，罗堰教学点的邹桂芬老师就是一个典型代表。

罗堰教学点位于鄂陕边界，这里山大人稀，云雾缭绕，交通十分不便，这个教学点被称为“白云深处”的学校，是郧阳区极偏远的教学点之一，附近方圆十几里的孩子们都是在这里开始他们的启蒙学习的。教学点设有三个年级，常年只有一个教室，十几名学生。邹桂芬一人分身乏术，只得把三个班级的学生编成一个班，用不同的教材，在同一节课里对不同年级的学生进行教学。她给一个年级讲课时，让其他年级的学生做作业或复习，以这样特殊的复式教学，培育着山里的孩子。

山里的孩子贫穷，经常会交不起学费，邹桂芬便用自己微薄的工资为学生垫学费。爱人放弃外出打工的机会在家务农，成了学校的义工，白天帮她给学生做饭、种菜，晚上护校，守护着学校财产的安全。

罗堰教学点前面是60多米宽的滔河。每到雨季和上游水电站发电放水河水暴涨时，邹桂芬就背着学生们往返滔河两岸。冬天，冰冷刺骨的河水冻得她双脚失去知觉，但她一直坚持了30多年，累计背学生过河数万次以上。为此她落下了严重的风湿痛、关节炎，双脚一遇冷风和凉水就麻木疼痛，僵硬肿胀。好在现已在学生们每天必经的河道上架起了一座水泥桥，了却了邹桂芬老师和孩子家长们多年的一桩心愿。

多年来，选派到这里的老师来了又走，而邹桂芬却一待就是30多年，把自己的青春年华奉献在三尺讲台，奉献在大山深处，是名副其实、当之无愧的“深山红烛”。她的事迹由各级新闻媒体报道后，感动了数以万计的人。她先后被评为“湖北省农村优秀教育工作者”，提名为中国“最美乡村教师”，后被全国总工会授予“全国五一劳动奖章”。

像邹桂芬一样默默奉献的教师还很多，比如黄柿中学的刘明秀，白龙小学的郭兴义，长新小学的孙传佩，马塘关小学的吕明成，上关小学的黄开军等。刘明秀在三道梁小学当校长期间，为改善办学条件和提高教学质量，呕心沥血、积劳成疾，最终倒在三尺讲台上。他的事迹经新华社报道后，在社会上引起了很大反响，当年荣获“全国优秀教师”荣誉称号。

偏远的片区、村、教学点上的教师除少数是毕业分配来的大中专毕业生，其他都是民办教师或雇请教师。他们辛劳一生、奋斗一生，有的依据政策或通过招考转为公办教师，更多的在领取微薄的补偿之后，最终回到故里，靠儿女养老。

七

在我们的童年时代，周围的一切似乎都是红色的：红旗、红太阳、红像章、红宝书、红袖章、红领巾等，还有与红色相关的革命理想、革命意志、革命豪情和革命斗争。我们的父辈或者在激情中燃烧，或者被激情煎熬，他们根本无暇顾及我们，因而我们的童年是少有管束的。我们有充裕的时间在街上、在乡间的田野里、在未被污染的小河边尽情地无忧无虑地游荡玩耍。

在我的少年时期，每到五一、六一、七一、国庆、元旦都有全校性的文艺表演，各班都要出节目。有样板戏、小歌舞、朗诵、对口词(剧)、独幕小话剧、“枪杆诗”、表演唱、快板、数来宝、器乐合奏、小合唱、三句半等。很多时候就上午半天课，下午有课也放学很早，作业也很少，根本就没有现在的升学和竞争压力，所以放学后我们就四处游荡疯玩儿。现在看来，或许那时候玩儿的东西很简陋，可我还是觉得我们比现在的孩子要幸福多了，因为我们有更多的机会亲近自然，可以在无拘无束中由着天性长大。

邻里以及孩子们之间的关系比现在要紧密得多，很少在家自己玩儿的，都是聚集在一起玩儿，即便父母很少陪我们，我们也不会感到孤单。我们可以骑马打仗、弹玻璃球、抽皮猴儿、下军旗、玩沙子、抽陀螺、抖空竹、滚铁圈、撞拐、练大背胯、打水漂、集子弹壳、玩弹弓、玩链子枪；用铁丝、皮筋做可以连发的纸弹枪；用门轴帽、大铁钉、粗皮筋、长布条做摔炮；用粗铁丝窝大刀片；用胶皮手套和圆珠笔芯做滋水枪；用罐头盒子当话筒，用打上蜡的棉线当电线自制电话系统；上房把刚出壳不久的小麻雀掏出来，用棒子面糊糊喂大，训练它往自己肩膀上飞；下大雨后在小街上蹚积水，在积水里放纸船；用放大镜聚焦太阳光烧蚂蚁；折柳枝窝一个圆圈戴在头上，扮侦察兵等。下雪时当然还要玩打雪仗。

那时女孩儿时兴跳猴皮筋儿，如果没有其他小朋友，就自己把皮筋儿拴到两棵树上玩；要是两个人玩，皮筋儿一头就拴在树上，另一头由伙伴举着，用锤子、剪刀、布决定谁先跳；要是三个人或更多人玩儿，就通过“单崩儿我倒霉”决定谁先举着和谁先跳。人多时还可以把猴皮筋儿拉成三角形、四方形、五角形、多边形，大家一起转着圈跳。

小时候，塑料皮的日记本在我心中属于高级用品，塑料皮上的图案立体感很强，好像是透明的，特别漂亮，里面的纸特别厚特别白，还有彩色风景画的插页，有北海白塔、颐和园佛香阁，北京饭店新楼等。那时流行在日记本的扉页上写一些领袖或英雄人物的名言警句，用以激励自己。一般还要在句子旁边画上苍松翠柏，然后用各种花边图案把文字圈起来。

我这一代人赶上了改革开放并成为最先的受益者，可以说是生逢其时，在开启人生的关键时期我们没有被耽误，接受了比较正规完整的教育。高中毕业以后有机会上大学，毕业后顺理成章地拿到一张盖有鲜红印章的派遣证，不发愁没工作。领证结婚后，单位给分配住房。成年以后，我们的眼神是温和的、友善的、清朗的，甚至是单纯的，仿佛还没有完全长大。

八

吃五谷杂粮，生疮害病在所难免。据老人们讲，民国以前，乡党医病疗伤主要依靠中医。由于缺医少药，各种流行疾病无法有效控制。1936—1939年间，霍乱在全县蔓延，故乡也未幸免，因死亡人数太多致棺材告罄，许多死者只得用秸秆卷裹尸或裹席埋葬。

自1942年始，到1947年底，全县先后在南化、黄龙、龙安、松石、八梅、东梅、普柳、十堰等地建立了卫生所。由此看来，南化卫生所应在1942年后建立，有所发展应是1947年故乡解放之后。当时，卫生所的主要职责是开展群众性爱国卫生运动，并开始对梅毒、钩虫、蛔虫、烂眼、头癣、甲状腺肿、疟疾等地方病进行防治，对天花、霍乱等传染性疾病开始接种疫苗。

1958年，南化卫生所改为南化卫生院，从医校毕业或经过专门培训过的医生、护士被分配到这里，各村也相应配备了接生员、保育员。专业机构、专业人员让更多的乡党有病可医，有病可治。

然而因人员、条件所限，天花、霍乱、流感、脑脊髓膜炎、慢性支气管炎、麻疹、结核病、沙眼这些传染病，难以得到有效防治和全覆盖，致使这些疾病时常侵袭大人或小孩，一旦发病，轻者落下多年或终身毛病，重者失去生命。每到春季，镇卫生院和村卫生室的工作人员，下到各村各户，给小孩胳膊上打上一针，就是为了预防多种疾病，也即常说的种“牛痘”。

在故乡，还有一种病随处可见，这就是乡人因食用盐中缺碘，脖子上长出异物，随着年龄的增长越来越大，最大的都可以搭放在肩膀上，既难看更难受，成为终身心病。

也许是贫穷落后，抑或视人命如草芥的年代还未消退的缘故，几十年前，乡党们对自己生养的孩子似乎并不十分重视和尽心。一个生在乡村的孩子若要活下来不容易，就像石钟山在《天下兄弟》里写的："农村女人皮实，不把生孩子当回事，直到肚子疼了，才往炕上一躺，急三火四地把接生婆接到家里来，这边烧上一锅热水，呼天喊地地就等着生了。农村女人大都在家里生孩子，去医院一是没条件，二也花不起钱。因此，农村的接生婆遍地都是，有几次生养经验的，胆子大些，心细一些的，都可以干这个营生。她们不计报酬，等接生的孩子满月了，孩子的爹用毛巾包裹着十几个鸡蛋送去，就算是酬谢了。农村女人生养一点儿也不隆重，怀就怀了，生就生了。"人民公社时期，乡党们一年忙到头，到年底一算账还欠了生产队一屁股债。每家每户都忙着赚工分，即使是身怀六甲的妇女，在分娩之前，可能都还在地里或家里干活。

一直为乡党医病疗伤的中医，并没有因镇卫生院和村卫生室的存在而消失，往往一些在镇卫生院和村卫生室看得慢或看不好的小病、疑难杂症，中医都能手到病除。在故乡，能看病的中医不少，最有名的当属南化村的胡道开和大桑树村的吴树三。

近 30 年来，故乡卫生事业发展较快，医疗装备、医疗水平在乡镇一级一直处于领先水平。如今，预防、保健、医疗网络健全，乡党生病，小病在村卫生室，大病、急病到镇卫生院，重病就到县、市乃至省级医院治疗。

故乡卫生事业能有今天，为之做出贡献的人很多，其中乡党们对漆子桂的印象最深、评价最高，这是缘于他大学毕业后主动要求分到故乡，一干就是十几年，用他高超的医术，解除了数千乡党的病痛，挽救了数百乡党的垂危生命。即使他后来调到原郧阳地区医院、现太和医院当专家，又当过湖北医药学院副院长，到十堰市就医去找他的乡党仍络绎不绝，虽让他应接不暇，却也因此倍感欣慰和自豪。

九

清光绪二十八年（1902 年）以前，郧县邮驿以“绿营兵制”为主，设置驿站铺塘，专为官府、军旅传递军报、公文。光绪三十四年（1908 年），郧县设四等有线电报局。晚清，郧县电信业务萧条，效益甚微。1912 年，全县废除大清邮政，实行中华邮政。

故乡邮政所何时开办难考其详。依据故乡的地理位置应在撤驿的同时同步设置，主要为步班邮路，邮差靠一条扁担两根绳，一盏马灯一颗铃“肩挑背驮”。

中华人民共和国成立后，邮差改称“邮递员”。他们身穿一身绿衣服，肩挂毛泽东手书的“为人民服务”的大邮包，内装报纸、信件，沿线路按点投放。

故乡的电话开通在 1936—1941 年，期间主要是县政府与乡公所之间的公务联络。电话走进各单位应是 1949 年之后的事情。

在我读书的年代，人们外出求学、谋差、谋生，都可以通过书信告知在外情况，还可以通过包裹互寄物品、土特产。遇有突发的重大的紧急事情，还可以用电报这种最快捷的技术告知。而邮政业务最忙，普通人家用得最多的方式就是信件，打电话只是十年难遇一次的奢侈事。

如今，移动电话进入千家万户。别说走在北京、武汉、十堰这样的大中城市，就是在故乡，手持品牌各异、形状五花八门的手机的男女老少比比皆是，手机普及率高达60%以上，电脑也不是啥新鲜玩意儿。大事、小事，就一个电话、一个短信或一个微信。全球发生的新闻、奇闻轶事，想知道或不想知道的事，一部手机、一台电脑全搞定。

第七章　乡　　忆

自从盘古开天地，三皇五帝到如今，故乡究竟发生了多少值得记载的事件？百年以上很难说清，乡党回忆起来，“以事为经，以人为纬”，则可以编制出故乡的百年沧桑史。昔日，故乡山穷水恶，土匪横行，民不聊生。中国共产党成立，带领人民进行土地革命、抗日战争、解放战争，故乡变成了一块红色土地，先后有200多位共和国的将军转战这里，留下红色足迹，他们中有中原突围血战南化塘、打响解放战争第一枪的国家主席李先念，有红四方面军总指挥、共和国元帅徐向前，有红二十五军军长、共和国大将徐海东，还有众多战功赫赫的共和国上将、中将、少将。耸立在故乡的革命烈士纪念碑，张贴在故乡烈士陵园展览馆的将军照片，永远铭记着先烈们的功勋。中华人民共和国成立后，故乡在清匪反霸、土改镇反、经济建设、改革开放中，又涌现出了许多可歌可泣的英模事迹。其中，宁被残匪活活烧死，也要保护革命干部的郑学莲，人称“湖北的刘胡兰”。还有扎根农村的武汉下乡知青谭战、荣获“全国劳动模范”称号的黄寿科、荣获“中华孝亲敬老之星”称号的孙立涛，都为故乡留下了灿烂的记忆。

一

从1895年至1911年间，以孙中山为核心的兴中会以及后来的同盟会，先后发动的广州、惠州、黄花岗等数十次起义都以失败告终。1911年10月10日，一声枪响，爆发了武昌起义，史称的“辛亥革命”，却出人意料地取得了成功。这么大一事件，有没有乡党参加不得而知。有没有乡党参加不重要，重要的是在此之前的中国历次起义都是以一个朝代代替另一个朝代而结束，而辛亥革命却彻底推翻帝制，并试图建立新的政治体制。

1912 年，原来县里最高领导由知县改为知事。1930 年前，故乡则由南化、化山、马塘、观沟等若干个保组成改设为南化区。

二

从清末到中华人民共和国成立前，发生在故乡的大事小事，就像滔、兆河里的水连绵不断。留存在乡党记忆深处的就如《郧县志》大事记中一样，在叙述民国期间历史时，记述最多的两件事情，是兵事和匪事。

先说兵事。民国时期，故乡地方武装分国民党领导和共产党领导两部分。国民党领导的区保安团，团长由首任区长也就是我家门爷爷赵懋铠担任。共产党领导的有史可查的为 1929 年秋，许昶（又名许子明）在他的家乡盐池塘建立了南化赤卫队并任队长，全队 100 余人，主要活动于南化塘、白桑和河南淅川一带，先后捣毁国民党 3 个保安团、1 个乡公所，配合农会抗捐，迫使土豪劣绅减租。1932 年冬，许昶战死，赤卫队随之解体。

小时候，常听父辈们讲，抗战 14 年，日本鬼子只打到襄阳的老河口，河南淅川寺湾、磨峪湾，都没有染指故乡。其实不然，1945 年 3 月下旬，日军第三师团第三联队吉松部和冈野部约一师团的兵力，侵入当时的东梅、八梅、江北即现在的梅铺、刘洞、谭山及南化塘等，烧杀抢掳。在短短一个多月时间里，枪杀、强奸、轮奸乡民近 300 人，掠夺幼童 50 余名，抢掳粮食 700 多石，宰杀耕牛 2000 多头，焚毁房屋 200 余间。县抗敌自卫团团长江治澜，奉国民革命军第五战区第二集团军总司令刘汝明之命，从其率领的队伍中挑选英勇善战者，组成敢死队，在梅铺分赃岭与日军进行血战，最终打退侵略者。

南化村九组的乡党宁贤林，当时只有四五岁，他清晰地记得，有一天，几架飞机追着一架飞机开枪，被追的飞机左躲右闪，他家门口及邻居家门前落下了许多炮弹壳。后来听大人们讲，被追的是一架日本飞机，在与故乡寺泉村紧邻的陕西省商南县赵川被打落，机毁人亡。

江治澜后来配合刘汝明两个师的兵力，布防于故乡的鲍鱼岭及邻乡朝山观、乌峪川、界牌垭、羊皮滩、刘家洞、洋溪口、雷峰垭、茨架岭等要隘阻敌。直至抗战胜利，再没有一个日军踏入故乡、踏进郧县。

抗日战争期间，国民政府因兵源不足，采取了一种“拉壮丁”的兵役制度。被“拉壮丁”的广大青壮年惨遭虐待的事件层出不穷，死亡的人更是数以千万计。据有关资料显示，在抗日战争期间，未入国民党军队序列而死亡的壮丁，其数不下 1400 万人。

故乡究竟有多少乡党被“拉壮丁”，被虐待，返回多少，死亡多少，均不得而知。但有一点可以肯定，这种兵役制度有诸多弊病，老百姓不堪其扰，由此发生的悲剧接连不断。

别的不说，就说说发生在岳父黄富华身上的事吧。岳父生于 1943 年冬月初一，现在已七十有七，腰板挺直，耳不聋，眼不花，声音洪亮，中气很足。唯一的大毛病就是常年腿有寒气，鼻有鼻炎，这伴随了他一生。缘何呢？他出生时，正值抗日战争，上有一个哥哥，两个姐姐，父母怕他出生后，大他 15 岁的哥哥可能会被拉壮丁，商议后决定放弃不要，将之弃放在床底地上，准备冻死后再掩埋掉。天寒地冻，大人穿着厚厚的棉衣都还冷。谁知一天一夜后，他母亲让他父亲将他拿出去掩埋时，发现他鼻孔尚有气息，觉得这孩子命真大，心一软赶紧用衣服把他包裹起来。满月后，又将其送人。三四岁时，因姐姐哭闹不止要弟弟，父母只好再从别人家把他抱回，起名富华，期望他将来能富贵荣华。

捡了一条命的岳父，读完了小学读初中，后执起教鞭做了几十年民办老师。岳父一生没富贵也没荣华，但以勤劳能干支撑起一个家。如今4个子女都工作在十堰市城区且事业有成，家庭和睦幸福美满。最让我钦佩的还不是这些，而是以前从未拜过师，也未上过一天美术院校的他，60岁时无师自通，自学画起了油画。短短几年时间，他画的油画挂在子女、亲戚家的墙上，没人相信是他画的，可这一切却是真实存在的。

故乡是一块美丽富饶的土地，是一块饱经风霜的土地，是老一辈无产阶级革命家李先念、徐向前、王震等15位党和国家领导人及328位开国将帅浴血奋战过的红色古镇，是全省27个重点老区乡镇之一，也是全国及湖北省爱国主义教育基地和湖北省100个红色旅游基地之一，是一块值得乡亲们骄傲的红色土地。

1946年，中原军区按照中共中央指示，分东、南、北三路突围。中原军区司令员李先念、政治委员郑位三、副司令员王震等率领中原局、中原军区机关、第二纵队十三旅四十五团和三五九旅、干部旅为北路向北突围。中原突围揭开了解放战争的序幕。

中华人民共和国成立后，先后任中共湖北省省委书记、国务院副总理、国家主席的李先念，工作日理万机，但仍没忘记我的故乡南化塘，曾专程到过故乡，在玉皇山下仰望山巅，回顾当年战斗的惨烈，为牺牲的战友部下落下滚滚热泪。从1949年到1992年逝世，李先念在为全国社会主义建设殚精竭虑的同时，对湖北省、十堰市、原郧阳地区的发展关爱有加，关心、支持的武钢、葛洲坝、第二汽车制造厂（现东风汽车公司）、郧阳卷烟厂等，为地方经济的发展奠定了坚实的基础。

李先念的得力爱将，当年在中原突围血战南化塘战役中担任主攻的三十七团团长夏世厚（中华人民共和国成立后留在湖北工作，历任省军区分区司令员、省农林厅厅长，副省长、省人大常委会副主任等职），对南化塘情深意长，多次来到这里，登上玉皇山缅怀牺牲的手足战友。他极力向有关部门陈情并力挺支持，促成了滔河水库立项建设。可以说，没有他就没有滔河水库。滔河水库的建成，为故乡的防洪、农田灌溉、发电等发挥了重大作用。建设期间，夏老不顾年事已高，数次亲临滔河水库视察，为工程建设倾心尽力。

1987 年，故乡革命烈士纪念碑落成，李先念亲自撰写碑文，徐向前元帅亲自题写“南化塘革命烈士纪念碑”碑名。这座历史丰碑，就像一位历史老人，向后辈诉说着当年的烽火硝烟。

许多老红军、老干部也纷纷故地重游，追寻遗迹，凭吊战友。当年李先念司令员的贴身参谋、原武汉军区副司令员肖健章中将曾登临烈士陵园，并留诗一首：“战争烽火南化塘，五万雄兵拼着上。牺牲流血何所惧，只求人民福安康。”

从中华人民共和国成立至今，究竟有多少乡党光荣参军没有准确的统计数字，据估算至少在 3000 人以上，他们为祖国建设、国家安宁奉献青春乃至牺牲生命。大多数乡党从部队退伍后又回到了故乡，为故乡的建设与发展默默奉献直至年老病故。据镇民政办统计资料显示，现有在册的 60 岁以上退伍军人、伤残军人、三属军人、复员军人、带病回乡和参加过抗美援朝出国作战、中越边境自卫还击战人员近 700 人，每年仅优抚款一项就高达近 200 万元。

三

再说匪事。土匪是一个秘密的社会阶层，他们烧杀掠抢，既骚扰百姓，又与官府为敌。民国初期，军阀混战，社会控制权弱化，再加上天灾频发，民不聊生，不少人铤而走险占山为王，落草为寇。土匪林立，匪患成灾，几乎成了民国初期到中华人民共和国成立前这三四十年间中国最明显的社会特征。

故乡处于三省交界处，山大人稀，是土匪起事进出、藏匿的理想栖身之所。他们选择山寨、洞穴作巢，择机抢劫绑票富户、大户，掠杀途经的货商盐商。土匪队伍规模大小不一，少则数十人，多则上百人乃至上千人。湖北的官兵追剿，他们逃往河南、陕西；河南或陕西追剿，他们逃往湖北，玩起猫抓老鼠的游戏。匪患蜂起，治安状况混乱，使故乡动荡不安，乡党饱受其害，不少乡党因此穷上加穷，甚至死于非命。

自记事起，大人们只要三五人或更多人聚在一起“拍古今儿”，听得最多的就是因土匪打家劫舍，或官兵剿匪，或土匪互相开仗，大人小孩被迫“跑荒难”的事儿。啥叫“跑荒难”？大人们讲，因队伍多少不一的土匪闹腾的匪事太多太频繁，各家为应对土匪抢劫杀人，提前将粮食及其他食物藏匿在地窖或其他不易被发现的地方，只留够吃一天或两三天的食物，衣服、被子都捆绑在一起或在布袋里装好，只要听到“土匪来啦”，不管男女老少，都放下一切拼命往山里或山顶跑。

据父辈们讲，有次某乡党行走如小跑且匆忙，其他乡党以为土匪来袭，一声“土匪来啦！”人们放下手中农活、家务，携老扶幼逃往深山。后来发现并没有土匪，细问这位乡党才知，原来他是有急事回家告诉父亲，乡党们虚惊一场。有时候确遇土匪来袭，拼命躲进深山、洞穴的乡党，本已如惊弓之鸟，若哪家受惊吓的孩子或幼儿啼哭，都会手捂其嘴或用乳头堵住幼儿之口，究竟有多少孩子、幼儿被捂死不得而知。提起跑土匪的往事，凡经历过的乡党永远也讲不完，家遭不测或有亲人死于非命的乡党的泪终生也流不尽、流不干。

时至现在，故乡的山寨数量在全郧阳区可以说是名列前茅。据郧阳区文物局“第三次全国文物普查”的资料，故乡被普查的文物点多达40处，而山寨就有11处，比如位于化山村的化山寨，杜家河村、李庄村的孙家寨，长新村的双头寨、烟袋锅寨，楼房沟村的薄岭寨等。很多乡党都以为这些山寨是土匪为占山为王所建的，其实不然，因故乡山洞多且大而长，如乌龙洞、娘娘洞、老和尚洞、仙女洞等，土匪基本不筑山寨，主要依山洞而居。这些山寨主要是乡党自建，遇到土匪进村庄，男女老少可跑上山寨躲避土匪。山寨中备有大量石头、木头、木棍等，遇到土匪来袭，可以用这些东西攻击来犯土匪。

作家余华创作的中篇小说《活着》是一部关乎生命、生活与革命的小说，其细节尤其耐人寻味：主人公福贵是一位游手好闲的地主少爷，1946年，福贵因为嗜赌输光了自家的祖业，待革命的大清算来临时，他正好混了个“贫农”身份，因此侥幸过关。而赢了他家贡田的龙二则被定为罪大恶极的地主，不仅挨了批斗，最后还被枪毙了。赌博让福贵家财散尽，反过来又救了他一命。

不只是小说中会发生这样的故事。家门兄长赵伯昌（另一兄弟与之同名，现在南化中学任教）现已年逾古稀，小学、中学都在故乡就读，后以优异成绩考入郧阳中学。毕业后到丹江口市工作，先后供职政府多个部门，最后从市检察院退休，颐养天年。说起他刚出生不久，爷爷遭绑架一事，父辈的讲述让他记忆犹新：1945年秋，日本投降后的某天深夜，他正在熟睡的爷爷，被横行鄂豫陕三省的土匪绑走，留下一张纸条，上书 5 日内送大洋 1000 块至某某处，限期到不见钱就撕票。全家上下顿时慌了神，虽说家境尚好，在街上有商铺、油坊，在郧阳城开有分店，但 1000 块大洋是天文数字，放在当今，能值多少钱呢？据老人们讲，当时一块大洋可以买一担米，一担米最少也有 400 斤，现按每斤 2 元计算，一块大洋至少值 800 元，1000 块大洋至少值 80 万元。为赎爷爷，他父亲倾尽家中所有，又向家门、亲朋转借，凑了 1000 块大洋，派人送到了土匪指定的地点。谁知送去后，土匪变脸说不是 1000 块是 5000 块。父亲哭天无路，只好卖掉南化街上和郧阳城里的商铺、油坊，加上贱卖存货才勉强凑到 2000 块，由他亲自送去，说就这些了，若可以就放人，若不行任由他们处置。匪首依据潜伏在南化街的眼线提供的信息，知道这家人已经尽了全力，再多也不可能，才下令放人。

爷爷是安全回来了，可家却彻底败落，由原来的中上等人家一下子变得一贫如洗。好在爷爷平时为人厚道，还常接济他人，遭此大劫，家门、邻居及其他商户纷纷解囊。他父亲不得不为他人做帮工以支撑破败的家。谁料到，两年后故乡解放，他家不仅被划为贫农，还分到了几间地主的房子和土地，因此才有机会在“败家最彻底”与“革命最彻底”之间画上一个微妙的等号。

赵伯昌上小学、中学政审都是顺利过关。问及他家若不遭此劫，他的命运将会是什么样？赵伯昌说难以预测。

随着一代又一代人的逝去，现已很少有人知道这些土匪姓甚名谁，我小时候听大人们讲土匪故事时，依稀记得有孙家驹、张连三、李常有等。他们常年横行故乡及陕西、河南周边乡镇，生抢硬劫，杀人放火，无恶不作。

故乡解放后，孙家驹不仅不缴械投降，反而纠集南化塘、白桑、大柳等地的散匪，组成郧北独立团鄂陕游击第一团，辖 3 个营、10 个连、350 人。孙家驹自任团长，朱正德任副团长，与多股、多人的“夜壶队”（惯匪、地痞流氓）、国民党残余武装时分时聚，到处流窜，造谣惑众，敲诈百姓，袭击新生的人民民主政权，残杀区乡干部、民兵和进步群众，危害一方。

1949 年 5 月，陕南军区发布剿匪命令，对剿匪做出重要部署后，县独立营配合故乡区干队、民兵，开展轰轰烈烈的剿匪斗争。短短几个月时间，孙家驹的几百名匪徒向政府登记悔过，孙家驹及少数负隅抵抗的顽匪被县独立营击毙。

曾在解放初期任过故乡区长的周华，虽后来工作辗转多岗、多地，最后从长江航运局领导岗位退休后，仍念念不忘他曾战斗过、与众多乡党结下深厚感情的南化塘。他几次专程从上海来到故乡，访贫问苦，捐款捐物，为南化塘的脱贫与发展献计献策。

四

不间断的政治运动，使每个乡党的命运也随之起伏波动，他们在运动中仍为故乡的建设流汗流泪乃至付出生命。别的不说，单说修建水库，从 1953—2013 年 60 年间，郧阳区（郧县）共修建中小型水库 90 座，仅故乡就达 12 座，分别是位于西河村的滔河水库及分布在长新、石盆、红光、杜家河、后河、迎风沟、鲍鱼沟、周庄、兰家庄、北沟、长富沟水库。开挖的池塘、修建的水窖数以百计。20 世纪 50 年代到 80 年代初，没有现在使用的挖掘机、扣机、大力神车，全靠人工用镐、铁锹挖，肩挑背驮地运，后来才有木轱辘板车、滑丝、滑船、溜槽。除滔河水库，其他水库的建设国家只配备炸药、水泥、钢筋等必需物资，由各大队招募工人，工人吃的自带，工分记到各村账上。

见证故乡人民“弘扬老区精神，战天斗地”并为后人带来福祉的工程很多，比如盐池大渠、长新大渠、三道梁老鹰岩大渠，以及被誉为“楚天红旗渠”的青岩大渠等。

乡党们付出人力、物力、财力最多的工程，当属由南化塘镇通往罗堰村的“南罗路”。这条路修筑在滔河水库库区的悬崖绝壁上，参与修筑的乡党们腰系绳子，先打出炮眼后，用炸药一点点炸出一条毛坯路，再用钢钎、锤子凿，其艰难程度，一点不亚于20世纪60年代河南省林州市修建“红旗渠”。这条路的修建，结束了库区内寺泉、罗堰两个村的村民出行只能靠船的历史，既省力又省时。虽说现在经过多次拓展，铺上了水泥路面，每隔百米远专门修有会车道，但因其蜿蜒在半山腰上，路窄，弯多，临水，一般的司机，尤其是很少在山路上开车且驾龄较短的司机，别说开车，就是坐车有的都胆战心惊。

乡党们为家乡，为祖国建设付出了难以想象、难以诉说的沉重代价。为建设丹江、黄龙水库，乡党们开山劈岭，筑坝修路，白天干在荒山上，夜晚睡在铺着稻草的工棚里，就连稻草也是各自从生产队挑来的。他们吃的是从自己家里挑来的红薯、红薯叶酸菜、苞谷糁，每天劳动由生产队记价值几分钱、几角钱一天的工分。因饥饿、生病和繁重的体力劳动，加上泥石流、滑坡、放石炮等各种意外，导致故乡数百位乡党致残或失去生命，最小的年龄不足18岁。

五

故乡百年来，乡党生生死死数以十万计，而能够依稀让人提起或一段时间留在乡党集体记忆中的并不是很多，能名出故乡外的就更是凤毛麟角。

郑学莲，1916年春出生在郑家村，乳名秀。自幼丧父，5岁时，被送到周庄农民李正行家当童养媳。成人后，与李正行的儿子李应科结婚。

1930年秋，郑学莲的公爹李正行因欠恶霸地主尚绍举的债被活活逼死，四哥被抓壮丁，一家人背井离乡，郑学莲夫妇流落到刘洞观沟村李家营定居。

1942年，郑学莲的儿子李清远出生。1945年秋，郑学莲的丈夫李应科为躲抓壮丁，别妻离子含泪外逃。1946年夏，人民解放军中原突围，途经刘洞、南化一带，郑学莲亲眼看到人民解放军与老百姓亲如一家，便主动接近人民解放军。部队离开李家营时，有个姓刘的小战士，因患病发高烧，不能随队行动，郑学莲主动将小战士留在自己家养病，并把能变卖的东西卖掉给小战士抓药治病。在郑学莲的精心照料下，战士小刘很快康复返回部队。

1947年冬，李家营解放。郑学莲积极投入到清匪反霸、保卫人民民主政权的运动之中。1949年，郑学莲被选为村妇联主席，在外躲抓壮丁的丈夫也回到家，被选为村农会主席。1950年3月，郑学莲夫妇领导的村被评为模范治安村，夫妇双双被评为特等工作模范，郑学莲光荣地加入中国共产党。土匪、恶霸把郑学莲视为眼中钉，采用软硬兼施的手段对其威逼利诱，一方面写信恐吓，另一方面地主尚绍举用30块大洋、1只金戒指对她进行收买，妄图使她放弃斗争。郑学莲当众揭露了尚绍举的罪恶阴谋，受到广大干部群众的称赞。

1951年3月8日，19名县、区、乡干部在她邻居家开会，尚绍举勾结残匪头子江四麻子策划武装暴乱，深夜突然包围了李家营。郑学莲挺身而出，在其他几位老乡的掩护下，协助这些干部安全撤退，挫败了残匪的阴谋。匪徒们没有抓到人，就丧心病狂地把郑学莲用绳子捆绑，吊在屋梁上，逼她说出这些干部的下落。郑学莲说只知道他们下午就到区里开会去了，其他的一概不知。气急败坏的匪徒先是用棍棒拷打，后又砍掉她的双腿，用烈火烧她的身子，郑学莲始终没有再开口，最终她被活活烧死，英勇就义时年仅35岁。

郑学莲牺牲的消息迅速传遍了四乡八里，乡亲们扛着鸟枪、锄头，拿着镰刀、三眼铳，敲响铜锣、铜盆、竹筒，带着灯笼、火把、竹扫帚，从四面八方向李家营涌来，缅怀这位在敌人面前表现出铮铮铁骨的女英雄。她被称为湖北的“刘胡兰”，国家民政部授予她“革命烈士”称号。她被故乡后人景仰，她的传奇故事在故乡、十堰大地广为传诵。

“文化大革命”10年，大批城市初、高中学生放下学业，响应号召下放到农村。一时间故乡村庄内外，到处活跃着知青的身影。“文化大革命”结束后，下放知青通过招工、考学等各种渠道返城，其后命运各异。

当时最出名、后来命运最跌宕起伏的，当属从武汉下放到故乡的谭战。如今，提起谭战这个名字，乡党知之甚少，但年龄在50岁左右，也就是1966年前后出生的人对她并不陌生。

那么，谭战何许人也，在她身上发生了哪些故事？1950年，谭战在上海出生，因父母工作调动来到武汉。1966年，初中毕业时正赶上“文化大革命”开始，受当时形势影响，认为人生光埋头读书无用，必须到农村这个大学战天斗地才能有所作为，遂将原名谭书来改为谭战。1967年春，她主动申请到北大荒，一个月不到返回武汉。返回不久，又遇上城市学生，也就是“老三届”（1966—1968年初、高中毕业生）下放到农村，接受贫下中农再教育。原本她就读的三十九中学生的下放点为天门县，她本人却要求到更偏僻的山区。直到1968年底，经组织及学校审定，她与三十七中、华师一附中、外国语学校的以前未曾谋面的另6名学生一起，下放到郧阳地区，即如今的十堰市。到郧阳地区后，由郧阳地区知青办分到故乡的红旗大队，即如今的关帝村兴阳寺。因在知青点上表现突出，先后被县里、地区评为知识青年先进代表。1972年被破格提拔为南化区区委副书记，后又因政治运动受到撤职、审查。

1974年，24岁的谭战主动申请到关帝小学当一名老师，华中师范大学中文函授毕业后，于1985年调入郧县二中当语文老师，1990年又调入郧县师范，2005年退休。

与谭战一起到故乡的另6名知青中，有一位叫肖帆和一位叫鲁萌的学生在学校时就已是恋人，后来结为夫妻。肖帆家庭出身一般，而鲁萌则是我国著名诗人曾卓的女儿，1978年，恢复高考后，他们双双考上大学。肖帆北京大学毕业后又读研究生，若干年后成为经济学家，后下海经商。鲁萌大学毕业后也考上研究生，后成为海南大学教授，我国当代著名的女性思想家。

改革开放几十年来，故乡涌现出不少能人，也出过一些名人。西河村的黄寿科就是一位不能不提的名人。他虽然只是一名小组长，却干出了大事业。他在短短的3年时间里，依靠县里、镇里有限的资助，带领全组男女老少，发扬“愚公移山”精神，修通了一条长达3千米与外界连接的公路，接通了水和电，解决了村民们几百年来出行难，无水、无电的历史大难题。他的事迹由原郧县广播电台记者、现郧阳区文化和旅游局局长方周圆写成一篇人物通讯《小组长的大抱负》，而引起市、省和国家级媒体的关注，随之进入各级组织视野，当选为全国劳动模范，走进人民大会堂，受到了党和国家领导人的亲切接见，成了十堰市家喻户晓的公众人物。

六

在故乡，天天月月，年年岁岁，演绎更多的是邻里和睦、互帮互助、尊老爱幼、大爱无疆，传递着正能量的感人故事。

1975 年，关帝庙村 18 岁的孙立涛响应国家号召应征入伍。1979 年，中越边境自卫还击战打响后，他自告奋勇到前线作战，4 年后复员退伍回到家乡，倒插门进了家庭异常困难的吕娥子家。面对常年有病的岳父、岳母、丈人爷三位老人，舀水不上锅的家境和土地到户缺少劳力的境况，许多亲朋好友和邻居都劝孙立涛跳出“刺架窝”，可他并没有听众人的劝。结婚后，他和妻子相敬如宾，一边照料三位老人，一边勤扒苦做经营自己的承包地。几年后，吃了上顿接不住下顿的日子刚刚过去，自产的粮食基本解决了一家人的温饱，妻子却得了胆结石。

可谓“屋漏偏逢连夜雨”，面对常年有病的三位老人和疾病缠身的妻子，孙立涛并没有失去信心，一边种地，一边在不远的集镇上打工挣钱给他们四位治病，既要做饭，又要给妻子和岳父端吃端喝，洗澡洗衣，有时还要给偏瘫在床的丈人爷擦屎倒尿。这一熬就是 10 年，妻子因病情恶化去世。送走了妻子，家里还有三位老人和两个小孩，孙立涛既当儿子，又当女儿；既当父亲，又当母亲，门里门外、灶前锅后一个人。岳母劝他再娶一个人，被他婉言谢绝，没有豪言壮语，用大山般的爱支撑着一个特殊的家庭。丈人爷和岳父相继去世后，80 岁的岳母又意外摔伤，两年后瘫痪在床。整整 8 年，他每日三餐喂她吃饭，替老人家洗脸、洗脚、擦身。

孙立涛把自己的青春、勤劳、耐心、良心倾注到一个并没有血缘关系而胜似亲人的家庭之中，凭着坚强毅力支撑着一个特殊的家庭，用自己无声的爱，感染着邻居们，感动了故乡，更感动了郧山汉水。2008 年他荣获“中华孝亲敬老之星”称号；2009 年他又被授予“郧阳孝子”荣誉称号。

寺泉村村民曹道国，用另一种行为诠释着他对乡邻们的大爱。每天天刚蒙蒙亮，他洗漱后，就来到停放在滔河水库寺泉码头的船上，等待坐船出行到镇上的村民。7 时整，待村民上船后，渡工曹道国一声吆喝，“开船了，大家坐稳了啊……”然后发动渡船，轰隆隆的马达声瞬间打破了平静。

约两个小时后，船到滔河水库大坝。曹道国把铁锚插在岸边，同妻子一起将乡亲们一个个送下船，紧接着把船上的卫生打扫一下。中午，夫妻俩到镇上吃个饭，然后回到船上休息。下午 2 点多，他们再接上放学学生，就往回返。

滔河水库是郧阳区最大的水利工程，库容量近 8000 万立方米，库区有 3 个行政村 20 个组 5000 余村民。2010 年前，库区未通公路，村民们出行完全依靠渡船。1991 年，曹道国获得滔河水库渡船的经营资格。29 年来，他时时刻刻把乘客的安全装在心里，万事以安全为先，从不为多赚钱而冒险超载渡运。他累计渡运乘客 10 万余人次，从未发生过安全事故。为确保安全，遇到恶劣天气，他宁愿把船停泊在大坝，也不会为蝇头小利而冒险渡运。很多村民不理解地问他：“有钱为什么不赚?”他总是笑着回答：“小心驶得万年船，人安全了钱才花得出去，人都没了，要钱有啥用?”

2013 年夏季的一天下午，刮着狂风，下着暴雨。曹道国正准备回家，有两个村民来到船上说有急事，愿给 50 元钱让他帮忙渡过河去。曹道国看风雨太大，出于安全考虑，拒绝了两位村民的请求，并把他们请到自己家里暂住，耐心地向他们讲解水路交通安全驾驶的有关规定。“大多数人不太清楚驾船是怎么回事，就想着那么宽的河，想怎么走就怎么走。但水上不比陆上，水下的深浅是看不到的。特别是一刮风，船就很难控制，没有一定的驾船经验，你使再大的劲儿也不一定靠得了岸。”曹道国的一番话说服了两位村民。等风平浪静后，曹道国把两人安全送过了河。临走时，这两位村民硬是塞给他 200 元钱，但他只收了 4 元钱。他说：“该收多少就收多少，不能因为你们有急事我就乱收费。”两位村民感慨地说：“真想不到，现在还有这样的好人。”

“老曹是个实诚的好人。”这是附近村民对曹道国的评价。曹道国认为，给老乡做点力所能及的事，即使吃亏，心里也踏实。村民曹梁英回忆，2006 年的一天凌晨 1 点多她临盆，去最近的乡镇卫生院必须乘船去，家里人忙给曹道国打电话。老曹和妻子很快赶来，和她的家人一起用担架将她抬上船。船开了一半路程，孩子生在了船上，约 40 分钟后母子俩被送上救护车，最终母子平安。

滔河水库上游有一所小学，曹道国一直为这所学校的学生义务渡运。一到冬天下雪路滑，曹道国看学生们上船下船很危险，他就把自己的鞋子绑上草绳，把学生一个个背着上下船，并护送他们走上大路才离开。

29 年来，曹道国默默地护送着滔河两岸每一位乘客安全渡河。同村很多与他年龄差不多的村民收入越来越高，生活条件越来越好，而他每天摆渡的收入远不及同村外出务工者工价的一半。曾经很多朋友劝他改行，还有很多大老板请他去开船，并许诺给予丰厚的待遇，但都被他拒绝了。曹道国说，他也曾动摇过，因为家中有年迈的母亲、辛苦的妻子、年幼的儿女，他何尝不想让家人过上更好的生活？后来再想想，“这里毕竟是自己的家乡，要是我走了，老乡们出行怎么办？谁来为乡亲们开船摆渡？”家人的理解和支持给了他极大的动力。妻子看到他常年一人摆渡，没人照应，出于安全考虑，妻子按照港航海事部门的要求积极参加船员培训，并取得了驾船员资格证书。每当曹道国身体不适或劳累时，妻子都会主动上船代替摆渡。

“去年开始，每天固定一班的船改为一星期三次了。”曹道国无奈地说：“我担心的是摆船后继无人啊。”曹道国曾想叫儿子来接班摆渡，可儿子给他算了一笔账：“我在外面打工每年可挣几万元，摆渡每年只有3000多元补贴，哪个更划算，自己算算吧。”曹道国知道这事不能强求，只好作罢。

“其实不能只算自己的经济账，虽然这几年路修通后乘船的人少了，但老人孩子出行离不开渡船啊，只要村民有需要，我就要坚持。”

2010年修了通村公路，但还没有班车通到村里，所以这里的孩子们上学只能坐船。稍微年长一点的人，因山路不好走，也选择坐船。“我现在主要就是为这些人服务。”伴随着轰隆隆的马达声、孩子们的嬉笑声，曹道国驾驶的船向水库深处驶去。在孩子们以及3个村5000多名村民的眼中，渡船就是他们回家的路，而曹道国便是那盏照亮回家路的灯。

七

“日暮乡关何处是？烟波江上使人愁”乃游子之思乡愁绪，“少小离家老大回，乡音无改鬓毛衰”是游子之归乡感怀，读来既令人感动，又令人感伤。

一个人的语言、性格、情感、生活习性，都会深深地烙上故乡印记。你功成名就，故乡以你为荣，为你鼓掌；你失败了，故乡是你宁静的港湾，同样会接纳你。即使你背负恶名，故乡也会对你十分宽容。

中国人大包小包挤春运是为了回家，甚至你对未来怀有某种乡愁，也是为了回家。在乡下，每个人死后都是村葬，死得是有尊严的。而城里人终日关门闭户，像是住在水泥砌成的山洞里，在那里每天都有许多人悄然死去，从医院到火葬场，除家人、亲朋好友悲伤和少许老乡同学知晓外，大多老乡同学、左邻右舍是不知的，即使事后得知，也只是茶前饭后偶尔提及，轻描淡写几句，然后就像什么也没有发生过一样，波澜不惊，生活依旧。

而在我的故乡南化塘，雄伟的玉皇山千年万年岁月悠悠，夕阳下清澈、蜿蜒的滔、兆河，它们承载了千丝万缕剪不断理还乱的乡愁，深深地融入了乡党们的血液，成为我和所有乡党生命记忆中最为宝贵和不可分割的一部分。

每一座祖坟，每一户老屋，每一个村庄，或横卧着祖先的尸骨，或横躺着过去的灵魂，有它们在香火就会旺盛，历史就能传承，后世之人，就不会是无根之木，断线风筝，回家时也不至于找不着东西南北而迷失方向。

故乡是有人叫你乳名的地方，你梦起的地方，也是每个乡党心中柔软的牵连，更是你梦归所在的地方。

乡音故乡最亲，佳肴故乡最甜，记忆故乡最深，情感故乡最浓。故乡最终会成为游子们的灵魂回归之地。

第八章　乡　杰

当年孔圣人弟子三千，贤者七十二，传为古今佳话。故乡南化塘是人口大镇，贤者何止七十二！乡贤们，有些一步一个脚印，走上乡镇、县、市领导岗位，一身正气，两袖清风，为官一任，造福一方；有些扎根故乡创业，有些走向全国兴业，还有些走出国门，境外打拼，经商办企业都创造了辉煌；有些步入高等学府从事教学、科研，书山驭马，学海乘龙，成为专家、教授、学者；有些步入工厂，造汽车、造机械，成为工程师，弘扬工匠精神；有些步入文艺殿堂，深入生活，厚积薄发，撷珠灵蛇，抱玉荆山，成为记者、作家、书画家、音乐家；有的行医治病，医德高尚，医术高明，成为“当代华佗”；有的学道修德，通晓阴阳，成为全国道教协会会长……他们不管从事何种职业，不论地位高低，财富多少，都为社会进步做出了贡献，树立了良好形象，为故乡增光添彩，成为令人尊敬的故乡杰出人才。

一

商人是指以一定的自身或社会的有形资源或无形资源为工具，获取利润并负有一定社会责任的人，或者是指以自己的名义实施商业行为并以此为常业的人，古代将商列为“士农工商”四民之一。

故乡几百年来一直都是商业重镇。1978 年，党的十一届三中全会召开后，故乡商业复苏。如今，从南化街到关帝、化山，再到江湾、黄柿坪，处处店铺林立，商贾云集，乡党们需用的日用品、家用电器、土特产及蔬菜水果一应俱全，由商脱贫、由商致富的乡党比比皆是。

走出故乡打工的、经商的乡党数以万计，有的可能奋斗多年只能勉强维持生存温饱，有的已实现小康。

先说说充满着传奇色彩的赵卓成吧。1962 年 10 月，赵卓成出生在原石槽现合并后的大桑树村。1980 年，年仅 18 岁的他高中毕业后，来到河南新野，进入河南第三制伞厂，从销售员做起，后担任销售科科长。销售科在他的带领下，连创佳绩，1982 年，他被保送到河南大学半脱产学习企业管理。

1986 年，赵卓成大学毕业后，回厂担任经营副厂长，随后升任厂长和党委书记。

1998 年，赵卓成毅然辞去公职，下海经商。他几经考虑，决定回湖北筹措资金，成立了襄阳隆福矿业公司，把自己的发展方向转向矿产行业。后又成立郧西、竹山隆福矿业公司，郧县鲍峡滑石粉矿业公司。2006 年，又在竹山县成立了竹山县秦巴钡盐有限公司，投资开发开采重晶石矿，生产高品质硫酸钡、超细纳米硫酸钡、硫化碱、硫化钡等系列钡盐产品，产品远销美国、日本、意大利等国家。

30 多年的岁月风雨，30 多年的奋斗打拼，当年一贫如洗的打工仔赵卓成，如今已是拥有多家公司，身家数千万的大老板。如今，他正募资延长产业链，力争早日成为十堰市同行业第一家上市公司。

出生于西河村的郭元州比赵卓成大 3 岁，1976 年高中毕业后回乡当农民，任过白龙村团支部书记。1978 年 2 月他应征入伍，在部队里一干就是 11 年，从战士、班长、连文书到司令部参谋，期间又到总参电子技术学院大专部学习。1989 年，30 岁的郭元州从部队转业，分配到丹江口市经委，先后任人秘科科长、企管科科长、副主任。1996 年 10 月，郭元州兼任丹江巨人铸造有限公司党委书记、董事长、总经理。2003 年公司改制后，他担任公司董事长至今。20 年的时间，他把一个当初市场竞争能力弱小、生产规模小、技术落后、亏损严重的企业发展成为一个经济实力雄厚、生产规模大、产品质量可靠、市场信誉良好的汽车零部件专业化生产的知名企业，个人获得“丹江口市劳动模范”“十堰市劳动模范”“湖北省劳动模范”“优秀企业家”等荣誉称号；在企业发展的同时不忘积极奉献社会，热心社会公益事业，仅为修路筑桥、扶贫救灾、助学等方面捐款捐物50万元，安排40多名残疾人和150余名下岗人员就业，2013年获得“十堰市第四届道德模范”，2014年获得湖北省精神文明建设委员会“湖北好人”荣誉称号。

靠勤奋、睿智、机遇，在各行各业打拼天下，从故乡走出来的商界精英还有很多，比如南化村的李荣国、邓涛、刘勇，关帝村的吴顺建，西河村的庞美耀，石盆村的魏翔，化山村的黄寿亭、黄寿启、张道昌、张成文，谢家沟村的詹志国、谢富勇，玉皇山村的周全、吴忠生，大坪村的王平，玉皇观村的杨青龙、焦祖平，观沟村的卜文志，磊石河村的王飞等。

二

翻过观沟村，就是故乡离镇政府最远、与刘洞镇接壤的周庄村，十堰市政协副主席、武当山道教协会会长、中国道教协会会长李光富就出生在这里。

1955年8月，李光富出生于周庄村。20世纪70年代初中毕业后，回乡从事林业技术工作。由于自幼深受武当山道教文化的影响，1984年6月，李光富怀着一颗对道教的虔诚之心，徒步登上武当山，皈依武当全真教龙门派。

据《武当山志》载，武当山自春秋战国以后，多有贤达逸士归隐其中。自大唐贞观年间首开官方在武当山建立道场之制以来，武当山历代香火旺盛。特别在明代，武当山不仅成为全国道教中心，而且成为全国宗教之都会，被御赐为“大岳武当山”，位超五岳。故古人赞其曰：“亘古无双胜境，天下第一仙山。”武当山在明朝成为堪与北京故宫媲美的“皇室家庙”。

李光富皈依时，正值武当山道场经历“文化大革命”刚开始恢复，条件十分艰苦，但他从未动摇过自己的修道信念。1987 年 8 月，在武当山道教协会第二届理事会上，入道仅 3 年，年仅 32 岁的李光富凭借他吃苦耐劳、勤奋好学、睿智识大体的道行，当选为武当山道教协会副会长，走上了弘扬武当山道教的领导岗位。

2002 年 8 月，在武当山道教协会第四届代表大会上，47 岁的李光富被选举为武当山道教协会会长，成为武当山道教的掌门人。如今的武当山，已被国务院列为国家重点风景名胜区，国家 5A 级风景名胜区，“武当山古建筑群”被联合国列入《世界文化遗产名录》，这其中浸满李光富和武当山道教信士们的心血和汗水。

2010 年 6 月，李光富当选为中国道教协会副会长。2015 年 6 月，正好年满 60 岁的李光富又当选为中国道教协会会长，成为中国道教协会的掌门人。

李光富的当选，是武当山大兴六百年的一个圆满轮回，是武当的荣光，也是十堰市的荣光，更是故乡南化塘镇 6 万乡党的荣光。

三

在郧阳区、十堰市，故乡还有一个现象让他乡人津津乐道：考上重点中学、重点大学的人数多。比如1980年，罗堰村的曹立新，成为恢复高考后故乡第一个考上郧阳地区重点中学——郧阳中学的乡党，曾轰动一时。1981年，又有陈为民、陈郧清、张季平、周国均考上郧阳中学。1983年，曹立新以优异的成绩考上南京航空学院（现南京航空航天大学），四年大学课程他三年学完，并考上研究生，在故乡又一次引起轰动。1984年，陈为民以遥遥领先的高分成为全郧阳地区高考状元，他和陈郧清、张季平均被全国名牌重点大学录取。他们成为故乡的骄傲，更成为老师们激励学弟学妹们奋发图强的励志榜样。

随后，考上重点中学、重点大学，读硕士、博士的学子，就犹如雨后春笋般涌现。这些金榜题名的乡党走出校门、走向社会后，在各行业都作出了贡献。

从谢家沟村走出的十堰市太和医院外科主任兰明银，因业务精湛，在肝、胆、胰、胃肠、甲状腺、乳腺及腹腔镜等手术方面独树一帜，被誉为“鄂西北一把刀”“当代华佗”。

1972年，18岁的兰明银被推荐到同济医科大学郧阳分院就读。1975年毕业后，被分配到原郧阳地区医院、现太和医院工作，这一干就是40多年。

普外科的工作离不开手术刀，兰明银选择了手术刀，意味着选择了一条风险路，对于患者而言，小小手术刀性命攸关。对于兰明银来说，小小手术刀在他手中却如同大师手中的画笔，达到了行云流水、出神入化的地步。一刀斩断死神魔爪的手术，兰明银一年至少要做数百例。

乳腺癌是人类的常见病，居女性恶性肿瘤的首位。传统的乳腺癌治疗方法是手术、吃药加放疗，治疗费用高，患者压力大，而治疗效果却常常不理想。兰明银通过研究采用“改良根治加卵巢切除术”的方法治疗，只需一次手术便能解决问题，而且术后第三年发生癌细胞转移的比例仅为1%，该技术不仅为成千上万的患者带去了福音，还经过有关部门的鉴定达到国内领先水平，获得省科技进步三等奖。在攻克乳腺癌的基础上，兰明银又向肝癌、肝移植和肝冷冻手术领域进发，采用“切除+冷冻”“切除+双向化疗”以及切除术后“微粒化疗+免疫治疗”的方法进行治疗，成功地为肝癌患者解除了痛苦，使他们的生命得到延续。

在治疗胰腺癌方面，兰明银采用自己独特的“减黄”“介入化疗”“手术根治”三部曲治疗方法，使胰腺癌的根治率达到70%以上，解除了诸多患者的痛苦。

在太和医院及广大的医疗界，还有许多乡党在默默无闻地做着救死扶伤的善举，也有不少像兰明银一样誉满车城的名医，如太和医院妇产中心主任、教授陈双云，产科主任刘雪琴，东风汽车公司总医院皮肤科主任刘菡等。

四

故乡更有在高等学府从事教学、科研工作，成绩斐然的佼佼者，比如大桑树村的张季平。

出生于1967年的张季平比我大一岁，在南化中学读初中时，我与他同校但不同届，认识但没有交往。1981年，他考入郧阳中学后再未谋面，只知道他1984年考入华东师范大学，毕业时因各方面成绩突出，被评为上海市优秀毕业生，并免试直升为华东师范大学生理学专业硕士研究生。1991年7月，张季平获得硕士学位后，进入湖北大学生物系工作，从事生理学及相关学科的科学科研工作。1994 年出任生物系系主任助理，负责全系的科研、重点学科和研究生工作。1996 年被评为湖北大学首届十佳青年教师。1996 年 9 月，他重返华东师范大学，攻读生理学专业博士学位。由于他的研究成绩突出，经著名听觉神经生物学专家孙心德教授的推荐，美国密苏里大学邀请他到美国进行科学研究。在美国期间，他废寝忘食、夜以继日地工作，研究论文多次在国际会议上发表，得到国际同行专家的高度评价，1999 年获生理学博士学位。

2005 年，年仅 38 岁的张季平被聘为华东师范大学生命科学学院教授，后又被聘为博士研究生导师，主攻复杂声环境下脑对听觉信息的编码机制、听觉系统的功能发育与可塑性的研究。他承担着本科神经生物学课程的双语教学和脑科学研究进展课程教学，及研究生神经生物学课程教学。他还编写专著数十篇，曾主持多项国家自然科学基金、上海市曙光人才计划、上海市浦江人才计划、上海市自然科学基金、教育部留学回国人员启动项目等若干项目。

故乡的水土、文化也孕育了在科研助农方面出类拔萃的优秀人才，如码头村的郭文武。出生于 1970 年的郭文武是家中老幺，读中学时，每往返一次学校和家之间，他都要走上 5 千米山路，红薯、红薯叶子和豌豆面条是他不变的口粮。艰苦的求学环境非但没有磨灭他求学的信念，反而激发了他的斗志。1989 年，郭文武考入华中农业大学园艺专业，从此与果树结缘。1998 年，28 岁的郭文武博士毕业并留校任教，继续在果树科研领域探索。2001 年，为了更好地学习国际前沿知识，郭文武远赴美国佛罗里达大学柑橘研究与教育中心从事博士后合作研究。2003 年，他完成博士后研究，回到母校华中农业大学工作。2004 年晋升为教授和博士生导师。郭文武长期主讲园艺植物生物技术、园艺科学与实践、果树遗传育种、科技写作等本科生和研究生课程，曾获华中农业大学研究生指导教师教书育人奖、湖北省教学成果一等奖。除教学外，郭文武长期耕耘在果树科研前沿。他通过细胞工程技术培育的柑橘新品种“华柚2号”，2019年入选国家杰出青年科学基金25周年成果展。郭文武先后主持国家自然科学基金项目、科技部“973”计划课题、“863”计划课题、瑞典国际科学基金等30余项，在国内外学术刊物上发表论文100余篇；多次应邀赴美国、英国、西班牙、意大利、澳大利亚、新西兰、日本、韩国、埃及等近20个国家参加国际学术会议、学术考察并做学术报告。他带领的科研团队先后入选湖北省创新群体、教育部创新团队和农业农村部创新团队。郭文武获得国家杰出青年科学基金（2012—2015），入选国家特支计划创新领军人才（2013）、科技部中青年科技创新领军人才（2012）、农业部全国农业科研杰出人才（2016—2020）；曾获湖北省技术发明一等奖、中国青年科技奖、国家科技进步二等奖等奖项。现任国际SCI刊物 *Scientia Horticulturae* 共同主编、国务院学位委员会第7届学科评议组（园艺学）成员、中国园艺学会分子育种分会副理事长、华中农业大学学术委员会委员和柑橘研究所执行所长。

五

乡党中，有这么一个干部，他级别不高，但在全郧阳区乃至十堰市名气特别大，他就是与我同村不同组，可称为父辈的罗德佩。

罗德佩高中毕业后，先担任小队会计，后改任大队会计。由大队会计先招工后招干，由故乡区干部调县委办，又由县委办到乡镇任党委书记。天命之年调入县总工会任主席，一直干到退休。关于他的轶事太多，每个都有若干个不同的版本。

别的不多说，单说他到某镇担任党委书记后的某年，受北京亚运会启发，由他提议并主导举办的全镇首届农民运动会。

为开好这次全镇农民运动会，罗德佩可谓煞费苦心，精心布置。为显示规格之高和运动会之隆重，一切依葫芦画瓢，全部按照北京亚运会的模式。

主席台前是两排麦克风。麦克风是用三股羊叉绑上包着红布的玉米棒子。远观近看，颇有大型运动会的气势，逼真壮观。

运动会开始后，吉祥物上场。吉祥物为何物？一头母猪！猪入场不知就里，见人多，吓得乱哼哼。待给此吉祥物系绶带时，母猪受惊，极力挣脱，从人缝中逃走。众人见状急忙闪避，人群就像被母猪冲开的波浪，起伏开合，散聚荡漾，众人无不开怀大笑。

放和平鸽也是就地取材。主席台两旁各放置两个竹篓，内装从各家收拢来的鸡，待主持人宣布放飞彩鸽时，即有四位少女同时打开竹篓，一时鸡飞狗跳，乱作一团，鸡受惊抓伤与会者脸颊的不计其数。众始惊恐，而后大笑。

奏国歌，以农村唢呐响器班代之，吹《太平调》，也颇嘹亮。

这次运动会可谓结合农村实际，活跃了农村文化生活，笑料无穷，并没有额外增加农民负担，百姓说好，新鲜！

观礼的县领导虽然脸被鸡抓伤，虚惊一场，但也难得放松一次，因此并不恼怒。

这次运动会人们传说了很久，也笑了很久。不久他被调入县城，任县总工会主席。

六

故乡乡党中，能写点东西，诸如诗歌、散文、小说，人称“笔杆子”的很多，不少人因此当上记者、秘书。

喜好艺术的也大有人在，而真正闹出点动静、得到业界认可的却并不多。现任湖北省书法家协会会员、郧阳区书法家协会副主席的魏明成可算其中的佼佼者。

魏明成 1964 年 10 月出生于地少缺水名为大石盆的小山沟里，是罗德佩的外甥。少时家贫，求学之路坎坷，常与饥饿相伴。作为家中长子，他要分担挑水、放牛、砍柴、义务工等劳动，学习之事极少用心，也难用心。父母开明，屡次让他上学，又受舅舅等启蒙帮助，才得以将学习坚持下来。求学期间，他也不知书法为何物，只有字写得好不好看这样的笼统概念。因受“文化大革命”影响，他小学、初中都是半工半读。

1983 年 6 月，高中毕业的魏明成本已回家务农，没想却接到了孝感师范专科学校的录取通知书。到孝感师专没多久，学校一位退休校长想编一本书，写好后嫌再抄一遍太费时，便打听学生中有没有字写得好一点的帮忙誊写，老师推荐了魏明成和班上另一名叫汤志英的同学。一个多月之后，他俩出色地完成了誊写任务，校长付给他们 43 元辛苦费。当时见到这一大笔收入，魏明成心中窃喜，认为写好字有好处，对书法的兴趣大增，当年级申报兴趣小组时，便毫不犹豫地报了书法小组，开始自学简单的书法知识，同时开始业余练习《九成宫醴泉铭》欧体楷书。

1986 年 9 月，魏明成大学毕业后回到故乡，任南化中学化学教师。在南化中学3年，他静心读了不少书法和美学书籍。1988—1989年他参加了武汉书法艺术专修学院培训班，也不时练习一些王羲之行书和欧体楷书。

1989年9月，魏明成先后任郧县扶贫办副主任、主任，区民政局局长，教育局局长。工作之余，他始终不忘书法，从汉隶入手学习，临习《张迁碑》《乙瑛碑》等，同时坚持临习欧体楷书及二王等行书，从未间断。

书法艺术是一门高雅艺术，更是国粹。当今盛世，书法爱好者众，流派纷呈。魏明成认为：书法一定要从传统中来，从点画到谋篇布局，都应师古人；用笔用墨须细心体会，点画线条、轨道、提按收放等要笔法精到，不专心扎实临习，很难达到理想效果；墨分五色，既有用笔的技巧，又有恰当的韵味和美学追求，欧体的严谨、汉隶的拙巧、二王的典雅等都值得认真揣摩。历史长河留下来的书法瑰宝，都有很扎实的功夫，抒发着个性魅力，书为心画，既体现书法修养，又有时代的烙印。习书者须博览以拓宽视野，精练以扎牢基础。书法没有捷径，习书法者不应浮躁，在广博中找出适应自己的审美情趣，专心研究，再广取营养方可通神。

1987年以来，魏明成多次获奖，作品入选文化部《中国硬笔书法大观》，载入收藏名册，又被印制到“墨缘书法”精品台历上，面向全国发行。

七

大山深处出了一个书法家魏明成，还出了一位走出郧阳，走出十堰，走向湖北的“农民作家”朱雪。

1980 年出生于观沟村三组的朱雪，别说上大学，她连初中都没有上过。1993 年，年仅 13 岁的朱雪小学毕业后，考上了重点中学，但因家庭贫困被迫辍学回村帮父母干活。劳作之余，她爱好写诗，正在县城学厨师的哥哥写信鼓励妹妹不要放弃学习，可以尝试写点东西，并为她找来初中、高中及自修大学的教材。有了方向，朱雪不再失落，她抓紧一切时间如饥似渴地学习。白天干农活时，她也带上一本书，趁休息时间看上几页，晚上几乎大门不出，就在煤油灯下学习。

1997 年，她的诗歌《青春》在《星星文学》上发表，并获得二等奖，这着实给朱雪带来了惊喜，鼓舞她坚定地走上文学创作之路。18 岁那年，村小学聘请她当了半年代课教师。期间她先后创作的《晨》《老农》《裙子》《城里的草帽》《小小说二题》等 10 多篇作品在《郧县日报》《武当风》《汉江潮》等多家报刊上发表。

2003 年初夏，23 岁的朱雪身背自己创作的几部中篇小说手稿，来到郧县县城一家酒店边打工边修改，并不断向外投稿。十堰某高校的一位教授被她的精神所感动，请她做了家庭保姆。当保姆期间，主人家看到朱雪淳朴善良，又酷爱读书，就帮她借阅了大量图书让她阅读。

2003 年冬天，她辞去保姆工作，回乡投入长篇小说的创作中，并将这部长篇小说定名为《山里的太阳》。由于构思时间较长，思路成熟，她写起来得心应手，仅用一个冬天的时间就完成了 20 万字的创作。

2004 年春天，朱雪背着书稿南下，跟随哥哥来到深圳龙岗一家鞋厂打工。由于酷爱文学，朱雪在打工过程中始终没有放弃对文学的追求，一有时间就读书写作。厂报《赐昌报》的编辑发现她热爱写作，聘请她为《赐昌报》组稿写稿。

打工的经历和见闻给了朱雪太多的创作灵感，然而工厂流水线那种快节奏的工作根本就没有时间让她去写作长篇。2005 年冬天，朱雪决定辞工租房写作。依靠哥哥的资助，朱雪用了4个月的时间，完成了长达20万字的打工爱情题材的长篇小说《深圳，为谁守候爱情》。随着灵感的不断涌现和深圳生活见闻的增多，朱雪仅用不到5个月的时间，又完成了两部长达40万字的长篇小说《深圳，为谁祈祷》《深圳，谁拥抱了爱情》。

2007年底，她的长篇小说“深圳三部曲”被南方一家出版社看好并出版。朱雪自强不息写作“深圳三部曲”的经历感动了中央人民广播电台，中国之声《城乡纪实》栏目对她进行了长达40分钟的专访报道。与此同时，《湖北日报》《楚天都市报》《长江日报》等媒体也先后对其进行了报道。

2008年春天，朱雪上班不到半年再次辞工，租房写作，又先后写下《花开无声间》《骆驼山》《蓝笔记》等都市爱情题材的中篇小说。2009年4月，由十堰市作协和郧县作协向省作协推荐，朱雪作为十堰农民作家参加全省首届农民作家培训班。结业时，朱雪申报的农村题材长篇小说《梅花塘》构思，经过专家审读，从32位学员申报的41部长篇小说构思中脱颖而出，成功入选《湖北农民作家丛书》选题，由此接受省作协的出版扶持和一对一专家指导。2010年4月，《梅花塘》由长江文艺出版社出版。

朱雪，这位农家女破茧成蝶，成为湖北省作家协会第九届签约作家，湖北省作家协会会员，这是乡党中的第一人。

八

1976年出生于南化村四组的尚士强，在初中毕业前，对于西洋乐器萨克斯还闻所未闻，如今却在十堰市音乐界“吹”出了名气。一切的一切，缘于他对音乐梦想的那份执着。

尚士强的父母虽是农民，却也是当地颇有名气的艺人，喜欢唱花鼓歌，每逢年节或是哪家有红白喜事，他们必被邀请前往。乡亲们自己组建的民间乐队，以锣、鼓、镲等乐器给说唱人伴奏，尚士强的父母总会在这样热闹的场合里，一唱就是一天一夜，甚至几天几夜。每当这时，小小的尚士强也会一起跟去。时间长了，尚士强耳濡目染，也能唱出多首彩船歌，十来岁时还能用笛子吹出几首曲子来。

上了初中，每当学校元旦、十一等重大节日举行大型文艺晚会，都必有尚士强的节目。1993 年，尚士强初中毕业，因数理化成绩不太理想，只考上了郧县职业高中。尚士强一个上大学的亲戚和他闲聊时说："你到学校后最好学音乐，若要学乐器，就学吹萨克斯。萨克斯弯弯的，像个水烟袋，吹出来的声音却很优美。"对萨克斯闻所未闻的尚士强，听完这个见过世面的亲戚的描述，心中对萨克斯产生了无限遐想。

到县职高上音乐班后，学校当时只有一位会吹萨克斯的老师，这位老师也就成了尚士强的启蒙老师。也就是在这里，他才真正接触到了萨克斯。因以前有吹竹笛的基本功，尚士强一拿起萨克斯就能吹响，有时还能摸索着吹出一两首曲子。

就是凭着这股顽强劲儿和刻苦劲儿，尚士强渐渐成了校内外皆知的优秀萨克斯手，每逢学校搞大型晚会，或是县里举办演出活动，在节目单中肯定能找到他的名字。而他每次投入的演奏，都能赢来台下的阵阵热烈掌声。

1997 年 3 月，尚士强职高毕业后来到十堰，靠着自己的实力担任了一家大型酒店的管乐队队长。但尚士强并不满足于现状，而是虚心向前辈求教。在一次大型乐器展销会上，他结识了中国著名萨克斯演奏家陆廷荃。展销会后，陆廷荃听了尚士强的演奏，对这个来自穷乡僻壤、从未拜过名师的农村青年能有如此出众的演奏技艺大为惊讶。因此，陆廷荃在向尚士强传授萨克斯演奏技艺的同时，还主动提出合影留念，以对尚士强进行鼓励。尚士强的梦想是当一名传授萨克斯演奏技艺的老师，以带动更多的人走上音乐之路。2003 年他毅然辞掉工作，成立了十堰市非凡琴行和非凡艺术学校，一心扑在了培育新人上。他亲自教学生吹萨克斯，同时还请来 20 多名笛子、胡琴、钢琴、古筝等老师，教授学员演奏其他乐器。如今，在他那儿学习乐器的学员达五六百人之众，专职教师近 30 人，他的艺术学校名副其实地成为十堰市艺术培训的龙头老大。

走出故乡，为官、经商，在医疗、科技、文艺等方面做出卓越贡献的乡党还有很多，但绝大多数乡党只是普普通通的劳动者，他们一直在为生存、生活，为养儿育女、赡养父母，默默无闻地辛勤奔波在祖国的大江南北乃至海外。他们都是成功者，都是值得儿女、亲朋好友、左邻右舍和他人尊重的人，都是一部部值得大写特书的“人”。

故乡，你可以少回或永不再回，可以不去赞美它，但绝不可以去诋毁鄙视它。

26 年前，正值谈婚论嫁的年龄，我经领导夫人介绍，认识了城区土生土长的一个女孩，接触几次后感觉尚好，本想继续交往下去，岂料某日见面后她满脸不悦。细细追问才知，我俩之间的事她小姨坚决不同意。原因有二：一是嫌我出身农村又为长子负担重；二是正好她小姨一同事与我是老乡，她小姨问我这位老乡南化塘咋样？这位先当兵后转业成为领导司机的老乡脱口答道：“别提我老家，穷山恶水，是个鬼都不下蛋的地方!”故乡情结深、爱面子好强的我由此主动中止了这段交往。巧的是在我结婚若干年后的某晚，应一位老乡邀请参加一个饭局，正好这位老兄也在。饭局中我故意提起并讲述了我的“不幸遭遇”。乡党们听后个个义愤填膺，大骂说这话的那位乡党是故乡的不孝之子，个中滋味只有他自知。

走出故乡，不管钱财多少官职大小，都应互帮互助，亲不亲故乡人嘛。回到家乡，切莫官腔十足，炫富显摆。要知道千百年来的古训："官大不压乡党，山高不遮太阳。"其意思再明白不过，不管你在外做多大的官，在外人、外地、下属面前多傲慢，回到家乡后你说话要放下身架，对乡党要热情有礼。山峰再高，即使世界第一高峰也遮不住太阳的光芒。

第九章　乡　　梦

故乡山美、水美、人更美，故乡人不忘初心，牢记使命，创造辉煌灿烂的锦绣前程。故乡外修生态，内修人文，打造多个自然景观和人文景观融为一体的美丽景区，开展山水游、乡村游、红色旅游，发展旅游经济，造福人民大众。故乡遵循“要致富先修路”的道理，修筑多条公路，与铁路相连，与水路衔接，做到四通八达。故乡实事求是、因地制宜，建设丰产的田园、飘香的果园、诱人的菜园，开展鸡鸭成群、猪羊满圈的禽畜养殖，罗非鱼、中华鲟的特种水产养殖。故乡遵照国家“城镇化”建设的要求，加强美丽集镇、美丽乡村建设，使大小集镇一线串联，精彩靓丽。故乡实施乡村振兴战略，乡党一个不落奔小康，做到吃有食、穿有衣、居有屋、幼有学、老有养、病有医、行有路，展现大地锦绣，人面桃花的景象。总而言之，故乡梦融入了伟大的中国梦，创造着电气化、机械化、信息化、智能化的美好未来，使乡党享受“望得见山、看得见水、记得住乡愁”的美好生活。

一

因故乡所处的地理位置和历史原因，旅游产业，尤其是生态游将成为故乡未来发展的重头戏。

先从龙头旅游景区——九龙瀑说起吧。九龙瀑是4A级景区，景区景观奇特，瀑布群、溪流、奇石、幽洞、怪滩、青苔都是大自然的杰作，山水相依，山环水绕。行走其间，在给人无限回味的同时，还能让人释放工作和生活中的层层压力。九龙瀑旅游开发有限公司规划，对现已开发的景区改造、提档升级后，再与户外运动俱乐部、拓展训练专业公司合作，把马良河打造成以户外运动为特色的原生态景区，开展徒步穿越、溯溪、野营等旅游项目，满足对旅游体验性要求比较高的个性旅游者需求，使其成为户外运动爱好者的生态探险旅游景区。

3A 级龙吟峡景区正在拓宽升级景区至江湾的公路，提高景区的外部可进入性，尔后再与郧白路相衔接，打通与大柳乡的旅游通道，串联起虎啸滩旅游景区，共同组建主题旅游线路。若这种设想变成现实，龙吟峡景区由 3A 升 4A 将水到渠成。

大景点改造升级，而诸多小景点，比如香炉山、“红旗渠”、拴马桩、乌龙芝洞、磊石、过风楼等，也在改造美化，它们与大景点相互串起来，能吸引更多的游客，创造出更好的效益。

自 2020 年 1 月 1 日 0 时起，依照农业农村部发布的《关于长江流域重点水域禁捕范围和时间的通告》，长江流域范围内的水生生物保护区，全面禁止生产性捕捞；对于长江干流和重要支流、大型通江湖泊，最迟自 2021 年 1 月 1 日 0 时起实行暂定为期 10 年的常年禁捕，期间禁止天然渔业资源的生产性捕捞。汉江是长江的干流，流经家乡的滔、兆河又是汉江的支流，均是禁止捕捞的区域。鲍鱼沟口温泉是故乡难得而宝贵的自然资源，十堰市渔水牧歌生态旅游开发有限公司，抓住因国家战略带来的大好机遇，高起点、大手笔规划的集“养殖、垂钓、旅游、休假”为一体的温泉度假村，正在如火如荼地开发建设中。到 2021 年底，可出售 1200 万斤成鱼，加上其他项目收入，年总产值可达亿元，它将成为故乡未来旅游开发中的龙头企业，其带动作用不可估量。

二

南化塘革命烈士陵园，是郧阳区唯一的乡镇烈士陵园，先后被授予

“湖北省爱国主义教育基地”“湖北省红色旅游基地”“全国爱国主义教育基地”，是集中展示革命历史和追忆先烈的重要场所。依据新规划，会对现有大门、纪念碑、纪念亭、广场重新扩建修缮，在陈列区采用现代科技手段展示图片、实物、沙盘，影视区播放与中原突围有关的影片，可以让游客忆往昔峥嵘岁月，体会革命先烈抛头颅、洒热血的战斗场景，以此寄托思念之情，抒发敬仰之情。

若在烈士陵园至镇福利院的山体上新建一个红色山体公园，可雕塑展现李先念、徐向前、王震、郑位三、夏世厚等参加中原突围的解放军官兵的纪念群雕，建设展现与中原突围有关的诗文和故事的碑廊；再建上纪念林，供前来参观的领导人和游客植树纪念等，可使烈士陵园和红色山体公园互为补充。

玉皇山山顶耸立的古树上，至今还可看到当年战争中被子弹打穿留下的痕迹，由此可以想象当时战斗的激烈。在玉皇山战斗遗址上，可以让当地老人讲述当年革命战争的情形，并恢复部分当年中原突围时的战壕、堡垒等战斗工事，建设红色主题体验基地，让游客扮演角色参加攻防战，切身感受战争的残酷。

若能在玉皇山下的吴家洼村修建一个以“中原突围”为主题的红色文化广场，对村子中较多的土坯房稍加改造，就可以把它打造成革命战争时期的“红军村”，让游客体验当年新四军生活、生产的场景，追思凭吊革命先烈。

建立在真实历史和遗迹基础之上的红色旅游，可以填补十堰市范围内缺乏红色旅游的空白，并就地转化农村剩余劳动力，聚集人流、物流、信息流和资金流，有效地拉动故乡乃至十堰市旅游业的发展，进而加快故乡城镇化建设和乡村振兴的工作进程，是一项实实在在的富民强镇的“民心工程”，办实办好意义重大。

三

以生态旅游为立足点，红色旅游为闪光点，休闲、养生度假旅游将成为旅游产业的发展潜力点。

离开喧嚣城市去寻找一份宁静，是许多城市人的美好愿望。自驾游、徒步游将替代传统的门票观光游，休闲体验度假游将成为旅游新宠，它可以满足人们更高层次的需求，让更多的人放慢脚步，安放躁动的心灵。

故乡正是这样一个可以满足这种需求的好去处。这里有澄清的河水，陡峻的山峦，数百年的老街，清新自然的生态环境，旖旎恬静的田园风光，越了解越让人留恋。

滔河水库库容量大，群山环抱，高山林立，乘车行驶在水库岸边的盘山公路上，俯瞰水面波光粼粼，让人身处移步换景的山水画卷之中，美不胜收。水中小岛形状各异，在上面建园林式度假酒店，配套游泳池等休闲运动设施，会使这里成为休闲、养生、垂钓、乘船观光的理想场所。还可以将库水引入山谷之中，修建人工溪流和河道，营造生态景观水系和绿化景观。在水边修建游船码头、亲水木质栈道等休闲娱乐设施，形成水上船游、陆地环游的游览方式。

水库下游的朱家院村落，青山环绕、阡陌纵横、环境清幽，田园意境非常美妙，游客通过骑自行车、徒步等旅游方式，可体验“慢城”式的生活。

从山顶往下俯视郑家村，整个村子酷似“太极八卦”图案，小河、村庄、田园整齐清新，是开展田园体验游的理想场所。可在此建设乡村民俗大舞台、乡村民俗博物馆、四季花园、乡村旅游工艺品主题街区、沿河湿地景观带等，定期举办各种民俗节庆活动，集中表演民俗文化节目，如婚礼习俗、民间戏剧、生产生活场景再现等，既可丰富当地老百姓的文化生活，也可以满足外地游客探寻当地习俗文化的需求。

四

乡村旅游已经成为不可阻挡的时代潮流，旅游兴，人气就旺，消费就多。

故乡蛋鸡养殖数量达到百万只以上，生猪、波尔山羊等畜禽养殖，罗非鱼、中华鲟等特种水产养殖，以木瓜为原料酿制的木瓜果酒、木瓜酵素、木瓜果汁饮料等农产品已渐成规模，经济效益可观。

经多年的探索与实践，六大农特产品产业园，即黄柿坪村的礼拜寺茶园、关帝村的核桃园、化山村的四季菜圃园、盐池村的百药园、江湾村的牡丹园和马纵岭村的芍药园，将成为故乡新的亮点和乡党致富的经济增长点。

故乡的金银花、葡萄、竹笋特产久负盛名，若能引导乡党进行规模种植，将南化、关帝、化山、江湾、黄柿坪等村，建设成为旅游纪念品、土特产销售的集散地，再与休闲养生有关的各类资源整合，兼以开发各种美食养生度假产品，就可以更大限度地满足养生度假游客的需要。

马纵岭、三道梁、长富沟、黄柿坪山地开阔，若能以村庄为依托，充分利用稻田、菜地、果园、生态养殖场等农林牧渔资源，结合四季气候变化常年开展田园观光、农事体验、休闲采摘和农家乐等活动，将农业生产与休闲活动有机结合起来，形成“农旅”互动发展模式，既可以用于生产经营，也可供游人参观。

村落之间通过小游园、景观水系相连，精心打理村舍周边的菜地农田，营造出有主题、有趣味、满足不同群体心理需求的环境，沿途描绘出步步皆景的乡村画卷。

五

说得再好，离开了交通都是白说。虽说没有高速公路直接通到家门口，也没有国道、省道经过，但经过60年的建设和发展，如今进县城、到十堰，上陕西、下河南，大车、小车、摩托车都没有问题，只是路好坏不一，比走高速、国道、省道多耗点时间而已。

乡党们最关注、期盼已久的郧白二级公路（郧县到白浪镇）郧南段（郧县到南化塘）建成通车，除黄柿坪、长富沟、磊石河、三道梁等几个村的乡党，需要到白桑关上高速外，大多乡党不用再翻越山高路险的老路，到县城只需半个小时，到十堰也就1个小时。南白段（南化塘到白浪镇）建成通车后，从故乡到河南、陕西，就不再走山高路险、翻越鲍鱼岭的老路，安全系数增大不说，时间上也至少节约一半。

“南赵路”（南化塘镇到陕西赵川镇）断头路的打通，寺泉、罗堰两个村的乡党们去西安就不用再绕道。李周路（李庄到周庄）建成后，故乡交通立体网络将基本形成，交通面貌将彻底改观。

六

旅游带动人气旺盛，旅游促进经济发展，交通的改善一定会使故乡经济插上腾飞的翅膀，使故乡由山区变成旅游景区，由农业基地变成旅游景点，由农民新村变成农家旅馆，将农副产品变成旅游商品，真正诠释“绿水青山就是金山银山”的时代特征，把乡村建设得更像乡村，让乡党“望得见山、看得见水、记得住乡愁”。

退休且有条件的乡党，若能常回到故乡看看，或回到故乡修建庭院，悠闲度日，再把自己的经验、阅历、人脉，运用到故乡的发展中，这无疑是一个巨大的推力。

国家层面全力推进的“脱贫攻坚”战略，使故乡近6000户2万多乡党脱离了贫困，2000多户6000多乡党，从交通不便，生存困难的山沟，搬到了交通便利的集镇，住上了宽敞明亮的楼房。

50兆瓦光伏发电项目、沃优有机肥厂的相继建成，故乡的发展更将如虎添翼。许多乡党将不再背井离乡、四处漂泊，就能在家门口发家致富，成家立业，夫妻团聚，上孝敬父母，下养育儿女，全家老小其乐融融。

七

别看故乡现在的现代化程度、繁华程度不亚于西部省市的一些县城，若倒回50年，故乡既没有电，也不通公路。倒回40年，故乡有收音机，但没有一台电视机。倒回 30 年，故乡有少量摩托车，但没有一辆私家轿车。倒回 20 年，故乡有电话没有手机。倒回 10 年，故乡有楼房但少有别墅。

如今，故乡已无无电户，大道小路密织如网，电视机、电脑已基本普及，私家轿车、手机早已进入寻常百姓家，楼房、别墅随处可见。文化站、村级农家书屋，大广场、小庭院，乡党们看书、跳舞乐在其中。镇卫生院、村级卫生室发展建设，保障了乡党们的基本医疗。

南化街集镇河道经过多年治理，河道两边绿柳成荫，漫步其间，一步一景，满眼风光。文化休闲广场、文化会馆、三级客运站、新卫生院综合楼、幼儿园、农贸市场、老人日间照料中心相继建成投入使用后，一个集商贸物流、文化教育、现代居住为一体的多功能区，将以崭新的面貌呈现在世人的面前。

宽阔整洁的集镇街道、山水荟萃的自然风貌、四通八达的地理位置、丰富多样的产业物资、撬动市场的合作社团，将使故乡成为周边乡镇产业发展、旅游、经贸交流的一个核心场所。这些也是把故乡建设成为郧阳区副中心城镇不可或缺的条件和要素，是把故乡打造成为郧阳区城镇建设示范区，生态旅游和红色旅游目的地，区域商贸流通中心，区域教育卫生中心，现代农业、特色产业实验区的基本要求。唯有这样，郧阳区才能实现“南北两翼腾飞、城乡统筹发展”的宏伟目标。

八

郧阳区作为十堰北部的生态滨江新区和市民心中的后花园，其未来发展备受关注。据最新修编的郧阳区“一江两湖四区六镇”（“一江”即汉江；“两湖”即郧阳湖、安阳湖；“四区”即老城区、政务新区、长岭新区、安阳科教产业区；“六镇”指谭家湾小镇、城关小镇、柳陂小镇、郧阳岛、杨溪小镇、青山小镇）的发展规划，待100平方千米水面、100平方千米生态屏障、100平方千米产业与生态建设用地实现后，“四区六镇”将成为一个有山、有水、有景致，吸引全国人民目光的美丽、宜居的滨江新城区。

郧阳区最大的优势是生态，最大的希望是旅游，最大的潜力在乡村。你可以到郧阳岛、子胥湖去休闲、去娱乐、去垂钓；也可以到虎啸滩、九龙瀑、龙吟峡欣赏山水美景，放松身心；还可以到茶店樱桃沟摘樱桃，到青曲镇红门铺村摘草莓，到“安阳绿谷”欣赏万亩千姿百态的菊花。漫步在乡村，处处都是“山顶松杉戴帽，山间果树缠绕，山下瓜果飘香，山中游人如织”，村村寨寨炊烟袅袅，阡陌纵横，一幅幅田园牧歌般的优美画卷，犹如一颗颗璀璨明珠，镶嵌在郧山汉水、滔河沿岸。

九

故乡美，郧阳美，十堰市将更美。

2020年元旦，随着武汉至十堰高铁的开通，使十堰到武汉的单程将由原来的4个小时缩短到2个小时。现在由十堰到西安的高铁正在如火如荼地建设，2年后，单程也将由原来的4个小时缩短到2个小时。十堰至重庆高速通车后，十堰可连接全国东西南北。武当山机场自2016年2月正式通航后，现在已开通国内固定航线17个，通航北京、上海、广州等26个城市，年旅客吞吐量过百万；年货物吞吐量近3000万吨，最终构建复合多向联系的交通廊道，实现区域互联互通，使十堰人出行更加方便快捷。

世界顶尖汽车制造大公司沃尔沃、雷诺与东风公司的成功联姻，使十堰市这座因车而建、因车而兴的汽车城成为中国名副其实的“卡车之都”，这无疑为十堰的经济腾飞注入了更强更大的活力。

南水北调中线工程使十堰与北京更加紧密地“心连心”，核心水源区的保护使十堰山更青、水更秀，大十堰必将成为全国乃至世界人们最向往的旅游目的地和最宜居的生态诗意栖息地。

参考文献

[1] 徐霞客. 徐霞客游记[M]. 刘虎如，选注. 王美英，校订. 武汉：崇文书局，2014.

[2] 潘彦文. 郧阳旧志辑录[M]. 武汉：长江出版社，2010.

[3] 武当山志编纂委员会. 武当山志[M]. 北京：新华出版社，1994.

[4] 湖北省郧县地方志编纂委员会. 郧县志[M]. 武汉：湖北人民出版社，2001.

[5] 冷小平，冷遇春. 郧阳抚治两百年[M]. 武汉：湖北人民出版社，2004.

[6] 邢方贵. 郧县人自何而来[M]. 十堰：郧县日报社印刷厂，2003.

[7] 徐学漠. 郧阳府志[M]. 潘彦文，校注. 武汉：长江出版社，2010.

附　　录

附录一　南化塘民歌汇总

佃户苦

1=♭B 2/4　　郧县南化

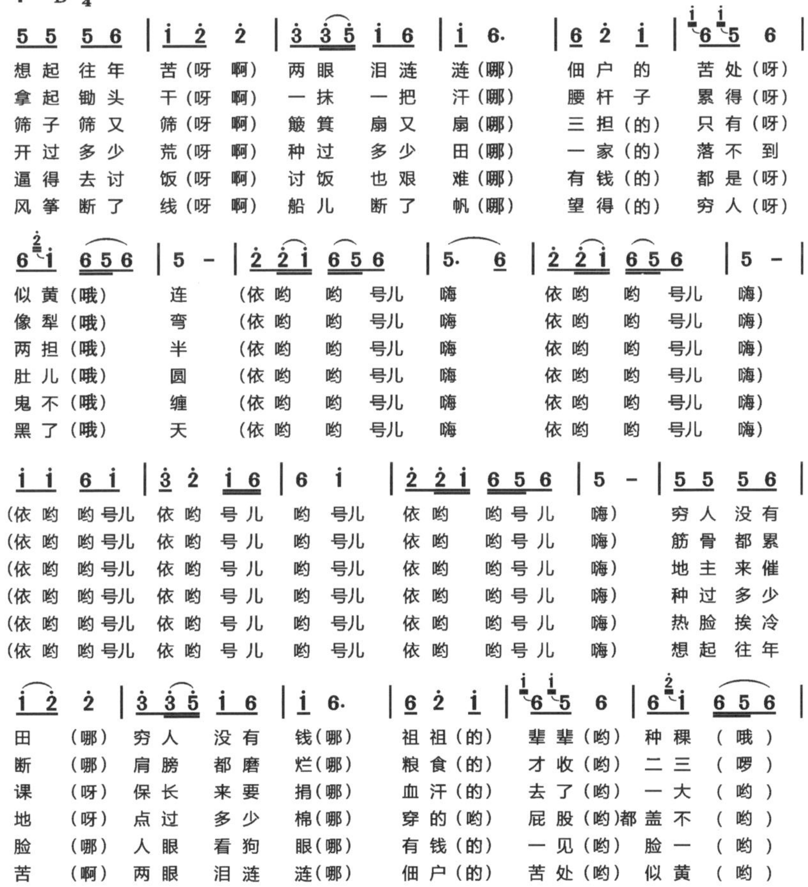

田 (铁 的 古 冬 拐 呀 拐 的 古 冬 铁 呀 灯 龙 火 炮
担 (铁 的 古 冬 拐 呀 拐 的 古 冬 铁 呀 灯 龙 火 炮
半 (铁 的 古 冬 拐 呀 拐 的 古 冬 铁 呀 灯 龙 火 炮
严 (铁 的 古 冬 拐 呀 拐 的 古 冬 铁 呀 灯 龙 火 炮
偏 (铁 的 古 冬 拐 呀 拐 的 古 冬 铁 呀 灯 龙 火 炮
连 (铁 的 古 冬 拐 呀 拐 的 古 冬 铁 呀 灯 龙 火 炮
火 炮 灯 龙 哟 号) 佃 户 (的) 苦 处 似 黄 (哟) 连。
火 炮 灯 龙 哟 号) 佃 户 (的) 苦 处 似 黄 (哟) 连。
火 炮 灯 龙 哟 号) 佃 户 (的) 苦 处 似 黄 (哟) 连。
火 炮 灯 龙 哟 号) 佃 户 (的) 苦 处 似 黄 (哟) 连。
火 炮 灯 龙 哟 号) 佃 户 (的) 苦 处 似 黄 (哟) 连。
火 炮 灯 龙 哟 号) 佃 户 (的) 苦 处 似 黄 (哟) 连。

探郎

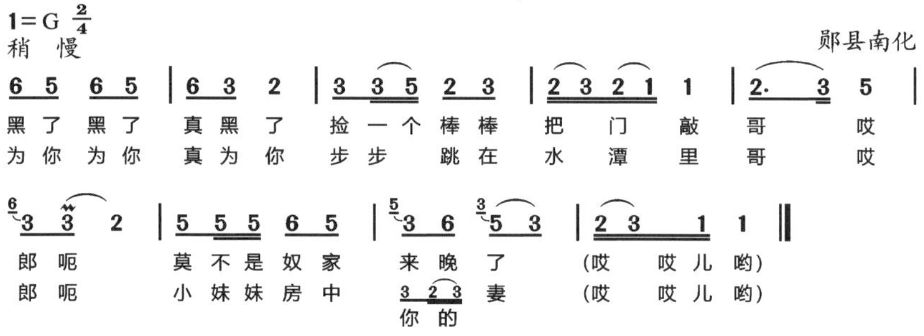
1=G 2/4
稍 慢
郧县南化
黑 了 黑 了 真 黑 了 捡 一 个 棒 棒 把 门 敲 哥 哎
为 你 为 你 真 为 你 步 步 跳 在 水 潭 里 哥 哎
郎 呃 莫 不 是 奴 家 来 晚 了 (哎 哎 儿 哟)
郎 呃 小 妹 妹 房 中 妻 (哎 哎 儿 哟)
你 的

（黄富英唱　赵建华记）

望 郎

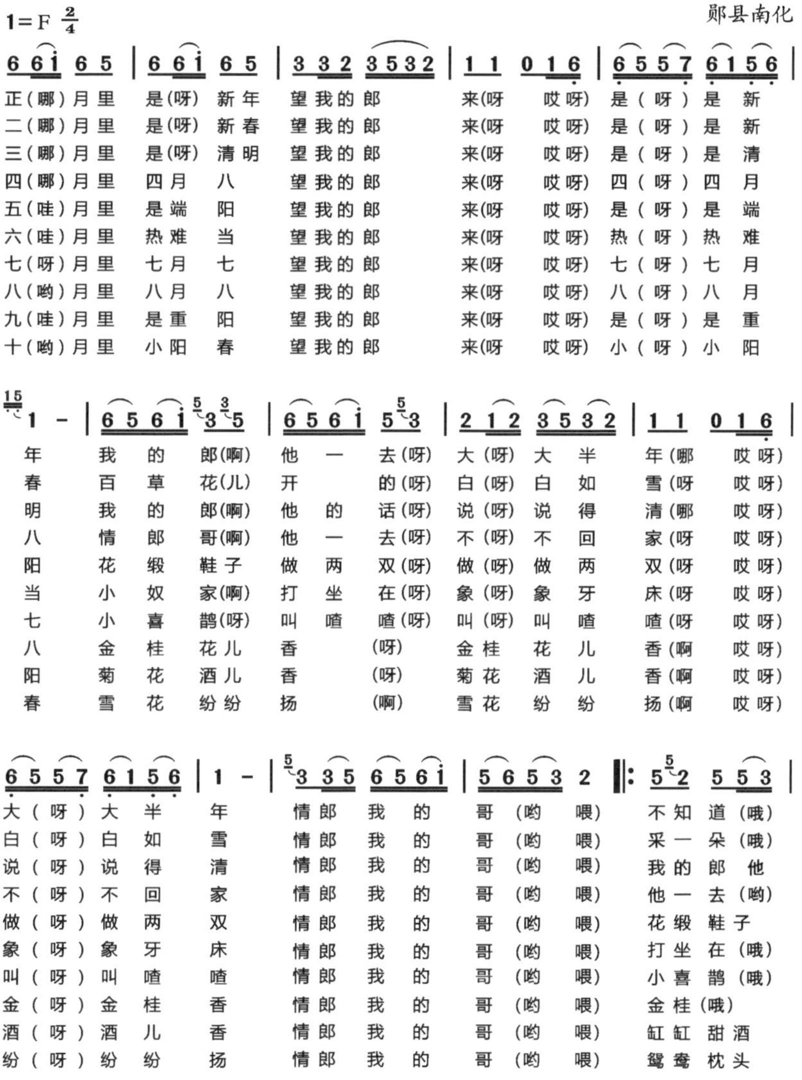
1=F 2/4
郧县南化
正(哪)月里 是(呀) 新年 望我的郎 来(呀 哎呀) 是(呀)是 新
二(哪)月里 是(呀) 新春 望我的郎 来(呀 哎呀) 是(呀)是 新
三(哪)月里 是(呀) 清明 望我的郎 来(呀 哎呀) 是(呀)是 清
四(哪)月里 四月 八 望我的郎 来(呀 哎呀) 四(呀)四 月
五(哇)月里 是端 阳 望我的郎 来(呀 哎呀) 是(呀)是 端
六(哇)月里 热难 当 望我的郎 来(呀 哎呀) 热(呀)热 难
七(呀)月里 七月 七 望我的郎 来(呀 哎呀) 七(呀)七 月
八(哟)月里 八月 八 望我的郎 来(呀 哎呀) 八(呀)八 月
九(哇)月里 是重 阳 望我的郎 来(呀 哎呀) 是(呀)是 重
十(哟)月里 小阳 春 望我的郎 来(呀 哎呀) 小(呀)小 阳
年 我的郎(啊) 他一 去(呀) 大(呀)大 半 年(哪 哎呀)
春 百草花(儿) 开 的(呀) 白(呀)白 如 雪(呀 哎呀)
明 我的郎(啊) 他的 话(呀) 说(呀)说 得 清(哪 哎呀)
八 情郎哥(啊) 他一 去(呀) 不(呀)不 回 家(呀 哎呀)
阳 花缎鞋子 做两 双(呀) 做(呀)做 两 双(呀 哎呀)
当 小奴家(啊) 打坐 在(呀) 象(呀)象 牙 床(呀 哎呀)
七 小喜鹊(呀) 叫喳 喳(呀) 叫(呀)叫 喳 喳(呀 哎呀)
八 金桂花儿 香 (呀) 金桂 花 儿 香(啊 哎呀)
阳 菊花酒儿 香 (呀) 菊花 酒 儿 香(啊 哎呀)
春 雪花纷纷 扬 (啊) 雪花 纷 纷 扬(啊 哎呀)
大(呀)大 半 年 情郎 我的 哥(哟 喂) 不知 道(哦)
白(呀)白 如 雪 情郎 我的 哥(哟 喂) 采一 朵(哦)
说(呀)说 得 清 情郎 我的 哥(哟 喂) 我的 郎 他
不(呀)不 回 家 情郎 我的 哥(哟 喂) 他一 去(哟)
做(呀)做 两 双 情郎 我的 哥(哟 喂) 花缎 鞋子
象(呀)象 牙 床 情郎 我的 哥(哟 喂) 打坐 在(哦)
叫(呀)叫 喳 喳 情郎 我的 哥(哟 喂) 小喜 鹊(哦)
金(呀)金 桂 香 情郎 我的 哥(哟 喂) 金桂(哦)
酒(呀)酒 儿 香 情郎 我的 哥(哟 喂) 缸缸 甜酒
纷(呀)纷 纷 扬 情郎 我的 哥(哟 喂) 鸳鸯 枕头

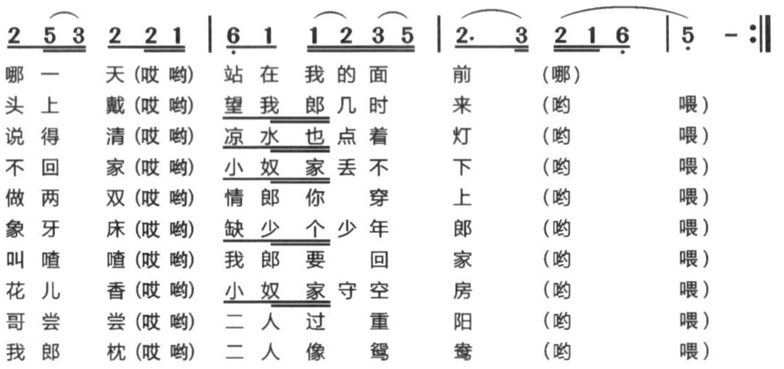

（黄富英唱　赵建华记）

乡里大嫂上街来

郧县南化

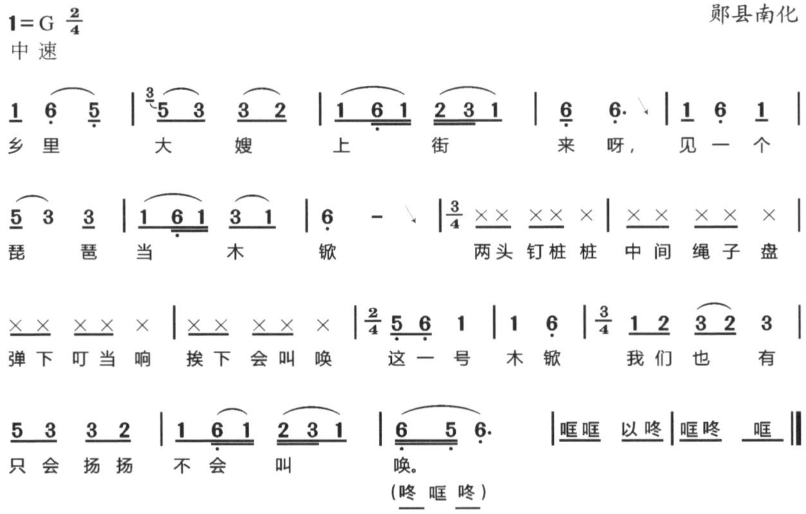

（王宗文唱　冯卫国记）

五更陪郎

郧县南化

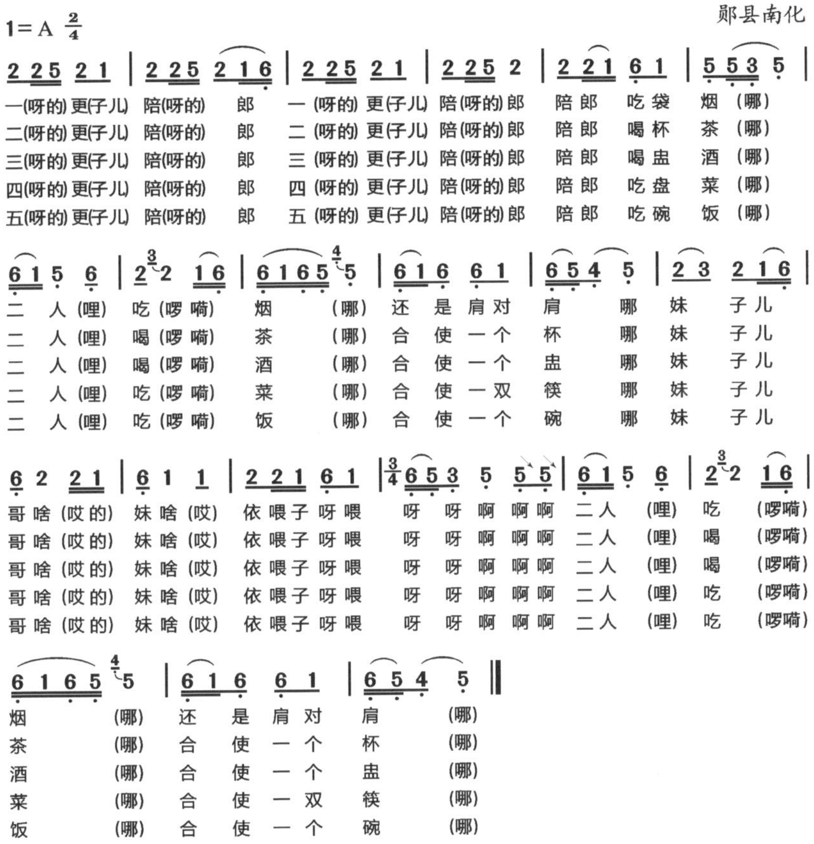

（黄富泽唱　冯卫国记）

月亮闹五更

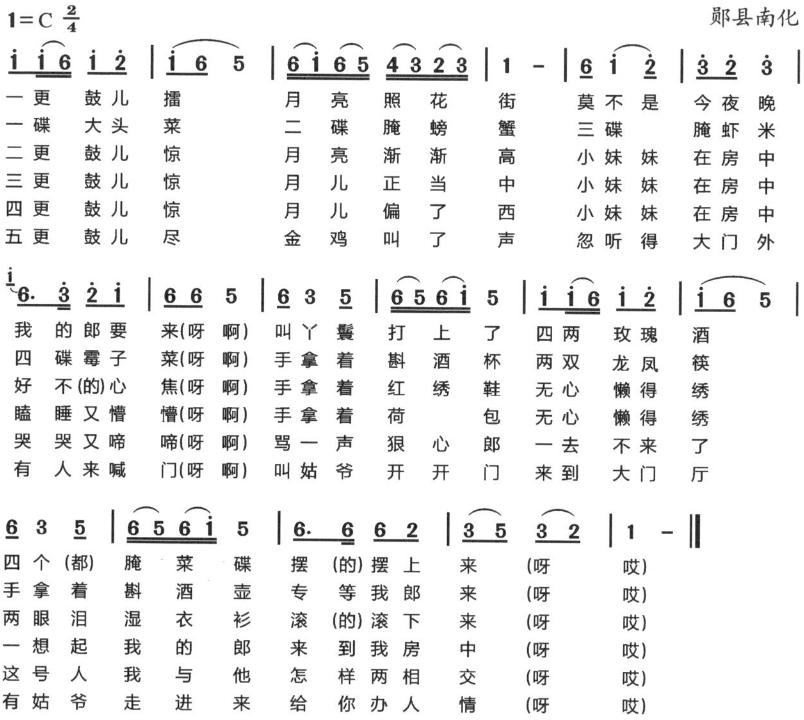

（宁生才唱　赵建华记）

十 想

郧县南化

1=♭B $\frac{2}{4}$

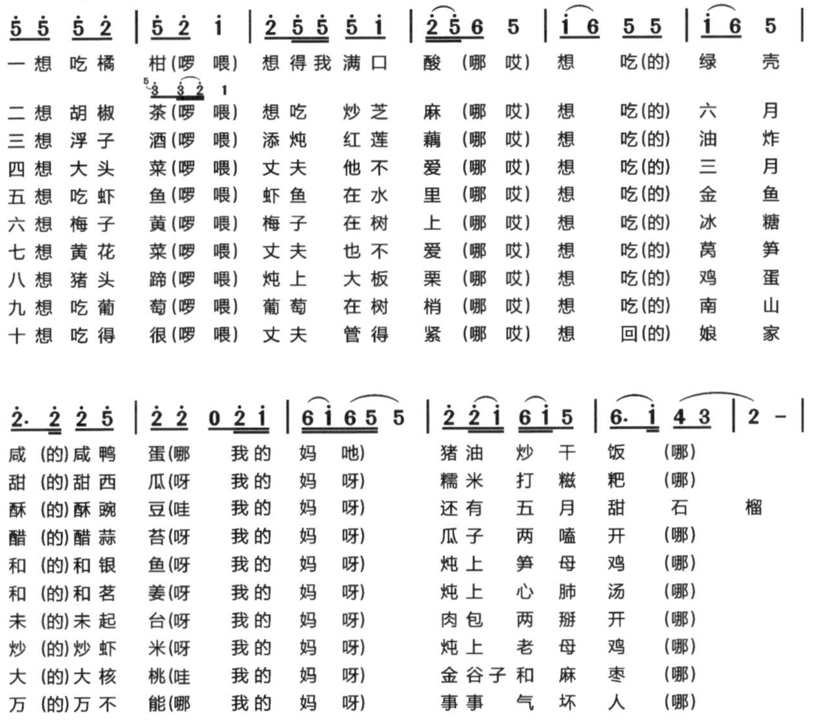

(黄富英唱 张道生、赵建华记)

什么子红红在天边

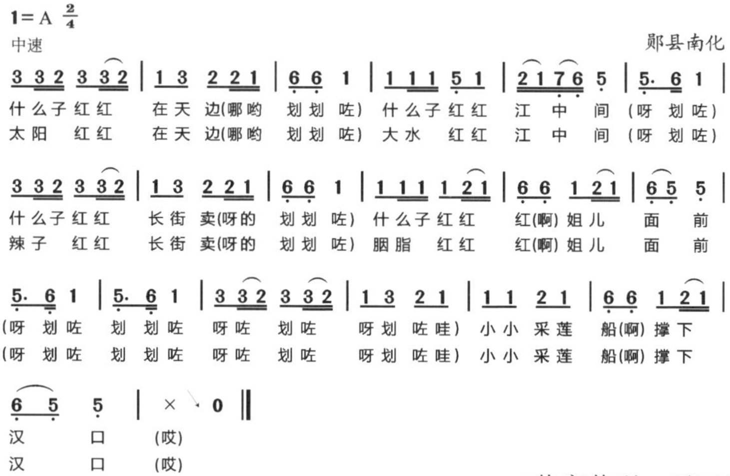

（黄富英唱　冯卫国记）

墙里栽花墙外开

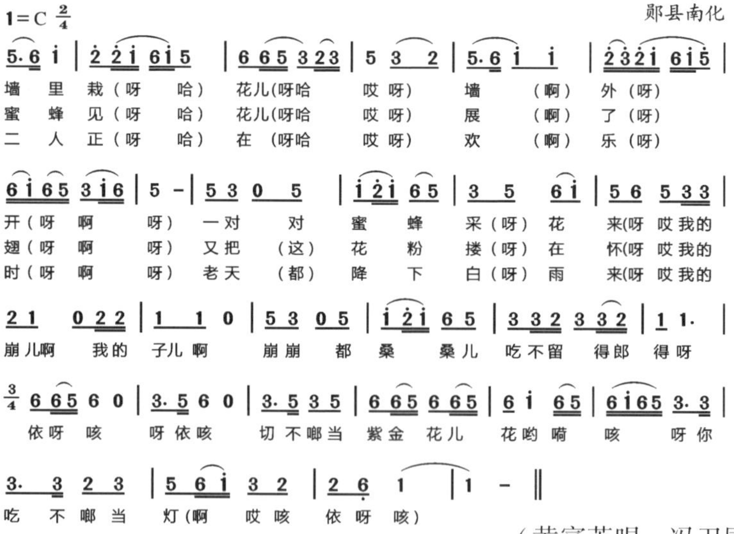

（黄富英唱　冯卫国记）

十 绣

1=G $\frac{2}{4}$ 郧县南化

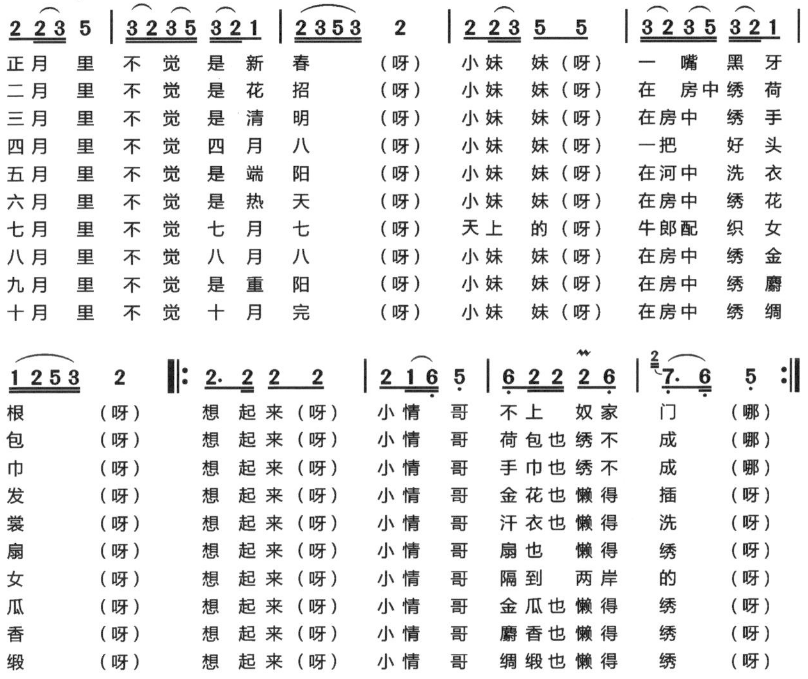

（宁生才唱　赵建花记）

大对花

1=F $\frac{2}{4}$ 郧县南化

中速

1 2 1 2	5 -	6 5 4 3	2 -	1 2 1 2	^{3}5 3 2	1 -	2 2͡3
正月 里来	(哟	依呀 呀子儿	哟)	什么 花儿	开(哟	喂)	什么
正月 里来	(哟	依呀 呀子儿	哟)	迎春 花儿	开(哟	喂)	祝英
二月 里来	(哟	依呀 呀子儿	哟)	什么 花儿	开(哟	喂)	什么
二月 里来	(哟	依呀 呀子儿	哟)	老虎 花儿	开(哟	喂)	韩湘
三月 里来	(哟	依呀 呀子儿	哟)	什么 花儿	开(哟	喂)	什么
三月 里来	(哟	依呀 呀子儿	哟)	小桃 花儿	开(哟	喂)	刘关
四月 里来	(哟	依呀 呀子儿	哟)	什么 花儿	开(哟	喂)	什么
四月 里来	(哟	依呀 呀子儿	哟)	黄瓜 花儿	开(哟	喂)	有刘
五月 里来	(哟	依呀 呀子儿	哟)	什么 花儿	开(哟	喂)	什么
五月 里来	(哟	依呀 呀子儿	哟)	小麦 花儿	开(哟	喂)	孔圣
六月 里来	(哟	依呀 呀子儿	哟)	什么 花儿	开(哟	喂)	什么
六月 里来	(哟	依呀 呀子儿	哟)	葫芦 花儿	开(哟	喂)	薛仁
七月 里来	(哟	依呀 呀子儿	哟)	什么 花儿	开(哟	喂)	什么
七月 里来	(哟	依呀 呀子儿	哟)	高粱 花儿	开(哟	喂)	有杜
八月 里来	(哟	依呀 呀子儿	哟)	什么 花儿	开(哟	喂)	什么
八月 里来	(哟	依呀 呀子儿	哟)	荞麦 花儿	开(哟	喂)	胡敬
九月 里来	(哟	依呀 呀子儿	哟)	什么 花儿	开(哟	喂)	什么
九月 里来	(哟	依呀 呀子儿	哟)	黄菊 花儿	开(哟	喂)	黄飞
十月 里来	(哟	依呀 呀子儿	哟)	什么 花儿	开(哟	喂)	什么
十月 里来	(哟	依呀 呀子儿	哟)	百草 花儿	开(哟	喂)	孟姜
冬月 里来	(哟	依呀 呀子儿	哟)	什么 花儿	开(哟	喂)	什么
冬月 里来	(哟	依呀 呀子儿	哟)	小雪 花儿	开(哟	喂)	有王
腊月 里来	(哟	依呀 呀子儿	哟)	什么 花儿	开(哟	喂)	什么
腊月 里来	(哟	依呀 呀子儿	哟)	腊梅 花儿	开 哟	喂)	黄氏

人 手牵 手 同下山 来(哟 哎哟我的 哥呀依子儿 哟)
台 梁山 伯 同下山 来(哟 哎哟我的 哥呀依子儿 哟)
人 削了 发 前去出 家(哟 哎哟我的 哥呀依子儿 哟)
子 削了 发 前去出 家(哟 哎哟我的 哥呀依子儿 哟)
人 在桃 园 结拜弟 兄(哟 哎哟我的 哥呀依子儿 哟)
张 在桃 园 结拜弟 兄(哟 哎哟我的 哥呀依子儿 哟)
人 敬北 瓜 看守瓜 园(哟 哎哟我的 哥呀依子儿 哟)
全 敬北 瓜 看守瓜 园(哟 哎哟我的 哥呀依子儿 哟)
人 揹书 箱 天下扬 名(哟 哎哟我的 哥呀依子儿 哟)
人 揹书 箱 天下扬 名(哟 哎哟我的 哥呀依子儿 哟)
人 骑白 马 挂帅征 东(哟 哎哟我的 哥呀依子儿 哟)
贵 骑白 马 挂帅征 东(哟 哎哟我的 哥呀依子儿 哟)
人 造药 酒 醉坏刘 伶(哟 哎哟我的 哥呀依子儿 哟)
康 造药 酒 醉坏刘 伶(哟 哎哟我的 哥呀依子儿 哟)
人 拿钢 鞭 把守午 门(哟 哎哟我的 哥呀依子儿 哟)
德 拿钢 鞭 把守午 门(哟 哎哟我的 哥呀依子儿 哟)
人 骑黑 虎 反过西 岐(哟 哎哟我的 哥呀依子儿 哟)
虎 骑黑 虎 反过西 岐(哟 哎哟我的 哥呀依子儿 哟)
人 送寒 衣 哭倒长 城(哟 哎哟我的 哥呀依子儿 哟)
女 送寒 衣 哭倒长 城(哟 哎哟我的 哥呀依子儿 哟)
人 卧寒 冰 救他母 亲(哟 哎哟我的 哥呀依子儿 哟)
样 卧寒 冰 救他母 亲(哟 哎哟我的 哥呀依子儿 哟)
人 在绣 楼 看诗作 文(哟 哎哟我的 哥呀依子儿 哟)
女 在绣 楼 看诗作 文(哟 哎哟我的 哥呀依子儿 哟)

(宁生才唱　赵建华记)

一趟一趟打起来

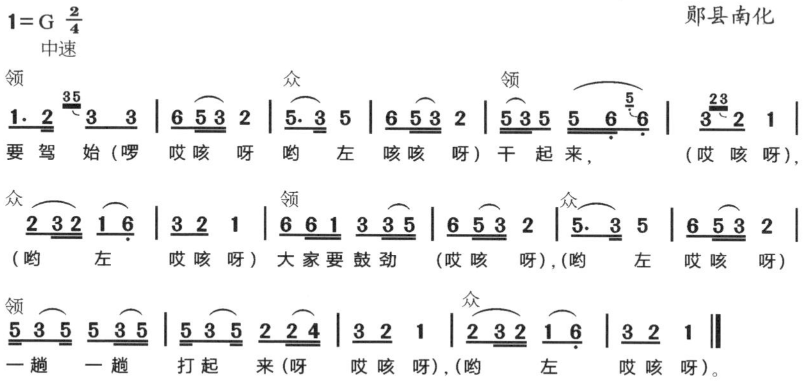

(宁贤斌唱　冯卫国记录)

注:驾始,即开始。

单　汉　苦

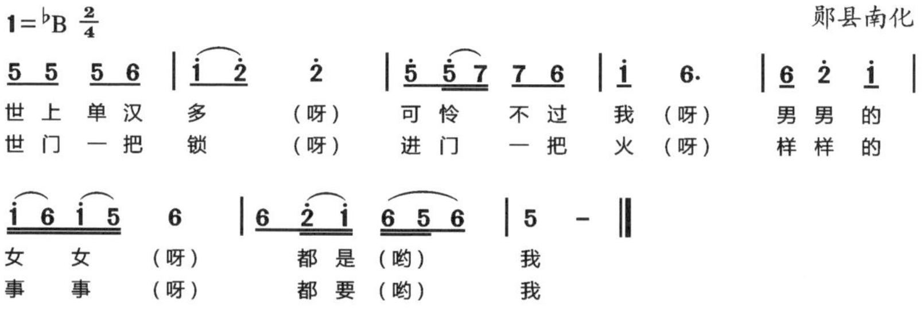

(词不全)

(宁生才唱　赵建华记)

十月怀胎

郧县南化

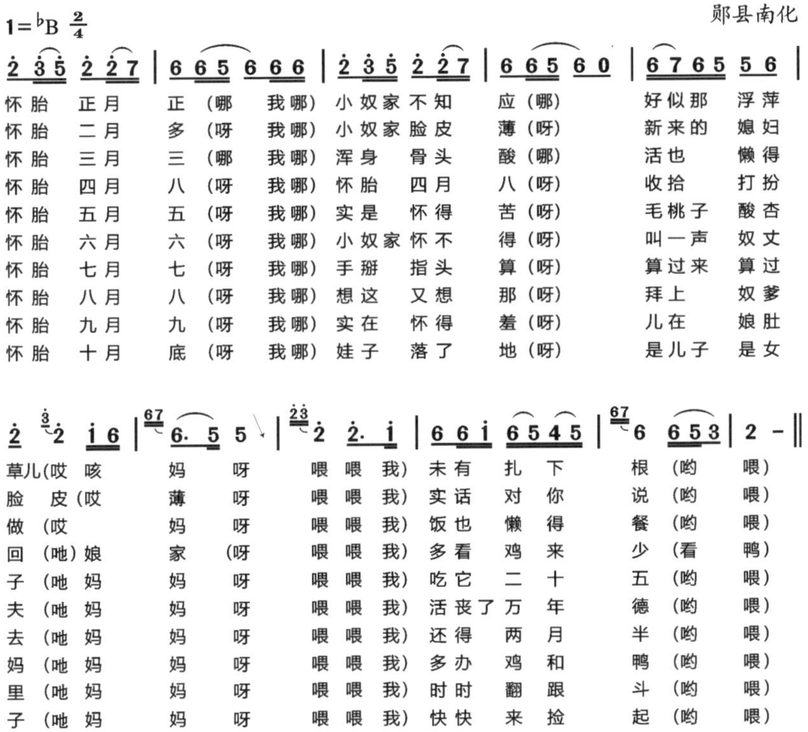

（黄富英唱　冯卫国记）

我到田里会宾朋

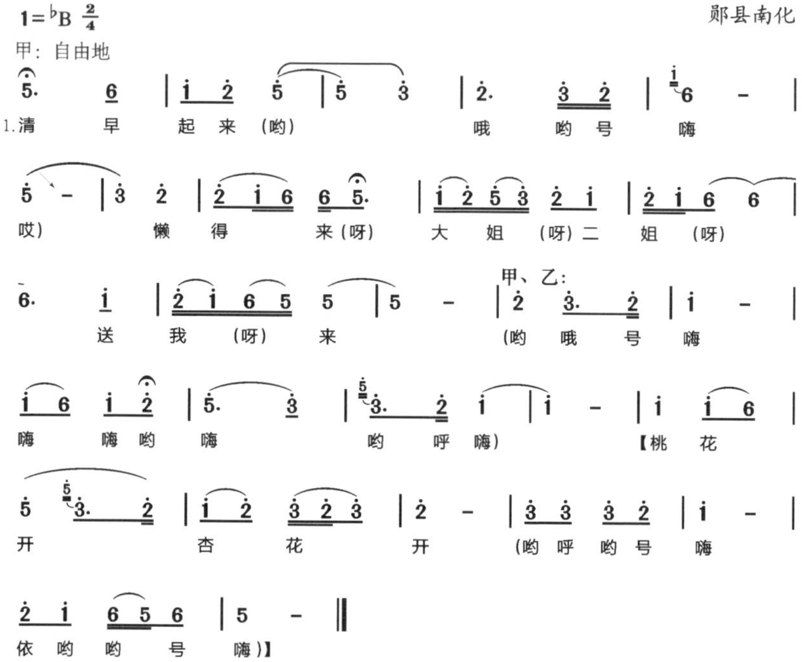

2.大姐赐我登云伞，
二姐赐我登云鞋。

3.轮到三姐无啥送，
她把我送到地里来。

4.来在田里把歌唱，
唱到唱到干劲来。

5.日头出来一点红，
师傅骑马我骑龙。

6.师傅骑马大街走，
我骑乌龙随后跟。

7.你问我到哪里去？
我到田里会宾朋。

（宁生才唱　赵建华记）

听我唱个十字歌

郧县南化

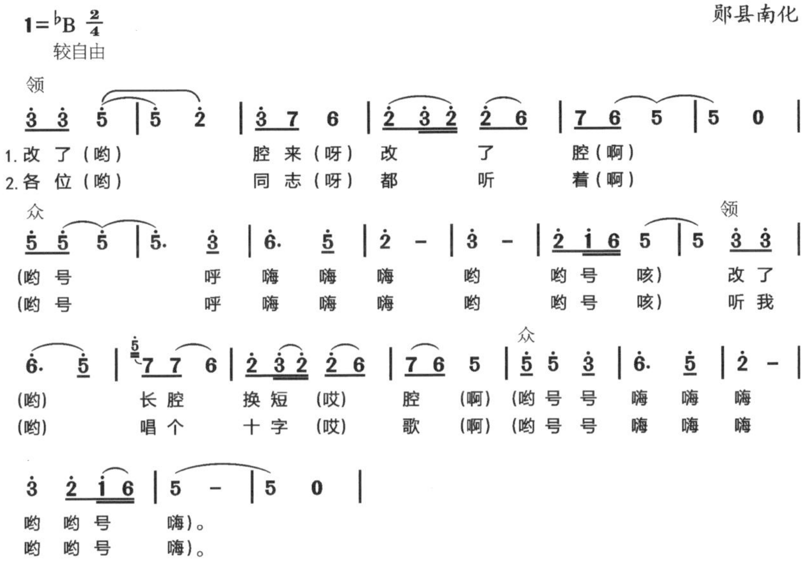

附　词：

3.十字歌可不好唱，
翻来覆去文章多。

4.一字来把鳌头占，
二字两横两摆着。

5.三字像个王字样，
四字关门紧闭着。

6.五字盘脚家中坐
六字三点起风波。

7.七字低头不在家，
八字两撇两分着。

8.九字眼前颠倒挂，
十字中间像一道河。

9.正唱十字还好唱，
反唱十字难得学。

10.十字头上添一撇，
千斤丰收粮食多。

11.九字底下添个“木”字，
杂木果树满山坡。

12.八字底下添个“刀”字，
分红要靠劳动多。

13.七字头上添个“白”字，
皂角树上唱山歌。

14.六字底下添个“×”，
交通便利快如梭。

15.五字去掉犁弯背，
工农联盟笑哈哈。

16.四字底下添个“贝”字，
买回牛羊买回骡。

17.三字中间添一道，
王家川里鱼满河。

18.二字中间添个“人”字，
夫妻双双多快活。

19.为人会唱十字歌，
保你活上九十多。

（宁生才、张本富唱　赵建华、杨友贵记）

唱罢一个又一个

郧县南化

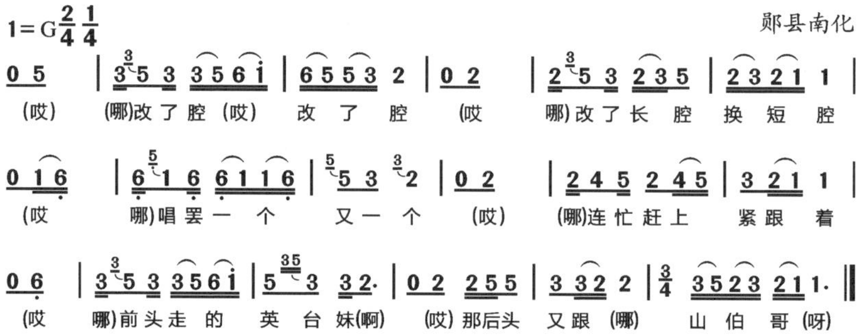

（宁贤斌唱　冯卫国记）

附录二 南化塘革命烈士纪念碑碑文

位于鄂豫陕三省交界的南化塘,具有光荣的革命斗争历史,是著名的鄂豫陕革命根据地和游击区的组成部分,是中国共产党领导的人民军队浴血奋战过的地方。

一九三二年十一月,中国工农红军第四方面军主力撤出鄂豫皖革命根据地西征,途经南化塘时,全体指战员在徐向前总指挥的率领下与敌军进行了英勇激战,冲破敌人的堵截,胜利转入川陕,创建了川陕革命根据地。一九三四年十一月,红二十五军遵照中共中央的指示,向西北实行战略转移,在广大人民群众的密切配合下,开创了包括南化塘在内的鄂豫陕革命根据地,红二十五军西征北上后,新建组的红七十四师和游击队,从一九三五年七月至一九三六年十二月,坚持了鄂豫陕边区的游击战争,积极地配合了主力红军的长征和陕北革命根据地的斗争。一九四六年六月二十六日,中原人民解放军遵照党中央的英明决策,进行了中原突围。于七月十七日进抵南化塘时,遭到了埋伏在此地和玉皇山一带的敌军胡宗南部队的阻击,我军与敌军展开了顽强搏斗和竭力鏖战,摧垮了敌人防线,突出重围。随后,一部转入陕北,大部进到陕南和当地游击队会合,经南化塘激战,中原突围取得了决定性的胜利。

在中国长期革命斗争中,成千上万的指战员和革命群众壮烈牺牲在南化塘,为了继承先烈遗志,教育后代,发扬光荣革命传统,鼓舞人民为建设具有中国特色的社会主义和实现共产主义的理想而奋斗,谨树碑撰文,以示纪念。

革命先烈永垂不朽!

李先念

一九八七年六月二十日

附录三　悠悠滔河南化情

赵伯贤

位于鄂豫陕边陲的小镇南化塘,那是我的故乡。

相传西汉末年,王莽篡帝,刘秀被王莽追赶至此,曾屯兵“汉王城”,刘秀自感前程危厄,拜佛求仙,渴求得到神灵点化,但无应验,便仰天长叹:“难化!”后因其位于河南名镇荆紫关的南方,人们便习惯称为“南化”。这里又是当年郧阳府传递文书的驿站(塘)之一,故称“南化塘”。

故乡三面环水,一面依山,是郧县北部的一个重要集镇。自从盘古开天地,三皇五帝到如今,这里既没有出过王侯将相,也没有才子佳人闻名于世。但她却是一片“纳山之灵气,汲水之膏泽”的兵家必争之地,更是一块被志士仁人与家乡人民的鲜血浸透的土地。小时候,听爷爷评述着他爷爷的爷爷的爷爷传下来的故事,那故事中充满着相互厮杀,土匪蜂起,群盗为虐的场面。善良的家乡人在动荡不安的社会里苟且偷生。中原突围,人民军队与胡宗南精锐部队鏖战玉皇山,近千名将士血染山巅,忠骨埋青山。他们用鲜血和生命养育了革命,换来了家乡上空飘扬的红旗,英雄的名字将永远铭刻在家乡人民的心中。

新的天地,给家乡人带来了新的生活。往昔的枪炮轰鸣化作醉人的欢乐曲、丰收谣。家乡人用一颗颗火热的心,以其勤劳的天性,将战火烧焦的土地装点得秀美而丰腴。为了新中国的建设,家乡人毫无怨言地听从祖国的召唤。丹江大坝,黄龙水库,襄渝铁路,东风汽车,哪里有建设,哪里就有家乡人的身影。电厂发了电,铁路通了车,汽车开出了厂房,五百多名家乡人带着伤残的躯体回到了故里,七十多名家乡人再也没有回到家乡,他们用生命谱写了一曲祖国建设的壮歌。

动荡和动乱的年代，主观愿望代替了客观规律。山林变成了秃山，违背自然规律筑起的大堤小坝，被无情的洪水横扫得面目全非，家乡一下子元气大伤，沦为鄂西北的头号“重灾区”。南化塘，这块苍山秀水，被折腾得石颓土陋，成为挂满历史勋章的乞丐。

贫穷像恶魔一样，疯狂地噬咬着家乡人的心灵。我对家乡从失望到绝望，向往拥抱外面的世界，憋足劲跳出了“龙门”。

转眼就是四十年。

随着年龄的增长，社会阅历的丰富以及对人生的感悟，我学会了超越一己的幽怨，重新面对家乡这片苦难而光荣的土地时，思乡之情油然而生，与日俱增。悠悠往事，殷殷真情。难忘啊，家乡那明砖清瓦，石板街道，还有母校那灰墙土楼，桌椅板凳，更难忘怀孩提时代的伙伴。我牵挂着家乡，关注着家乡，家乡天空与大地的乳汁和我思乡的泪水交融在一起，化作长虹，化作春雨，化作汹涌澎湃的情思。

历经沧桑，几度沉浮。改革开放的惠风，使家乡群莺竞飞，在这片热土上，骤然间出现了一座座蓬岛瑶池般的画坛乐土。扑进家乡的怀抱，呼吸着家乡的空气，一股股暖流直涌心头。家乡人，你们贫穷却很伟大。当你们感悟到贫穷才是最凶恶的敌人时，那一颗颗被泪水煮过的心开始激跳。你们肩负重轭，让青葱从荒野里萌发，令高楼在泥潭中分娩，又捧出了一篇描山写地的绝世文章。

一砖一瓦盖出来的是幸福楼；

一针一线织出来的是锦绣图；

长辈们立足山区唱山歌，开发资源拓富路；

晚辈们横刀立马闯世界，内引外联奔小康。

面对新的崛起，新的恢宏，南化塘，我的家乡，你这块古老而神圣的土地,正在从历史的仓库里剔出秕糠,让真理的种子撒在心灵的田野;你正在缩小蒙昧的阴影,让智慧的太阳在大山里闪光;你正在冲破封闭的堤防,让奔腾的滔河水去际会世纪的大浪;你正在斩断贫穷的羁绊,让玉皇山高高昂起雄性的头颅。

啊,南化塘,我的故乡,你永远是我心中不落的太阳!

后　　记

那是如火如荼的“文化大革命”初期，湖北省十堰市郧县南化塘镇南化村六组，24岁的赵金然和23岁的谢全莲，喜得他们的长子我。

1983年9月，15岁的我，从南化中学考入全县最高学府郧县一中，从此离开了让我做梦都想逃离的故乡南化塘。

一晃30多年过去，求学、就业、成家、生子，我由一名少年变成早生华发的中年人，即将步入知天命之年。30多年间，年年都回故乡几次，而次次都是回也匆匆，返也匆匆。别说本村，就连本组的乡党，除在故乡生活、求学15年间认识的爷辈、父辈、同辈及部分小辈外，大多都不认识。故乡发生的大小事件，小组大村乡党生老病死有所闻也有所不闻。

“小时候，乡愁是一枚小小的邮票，故乡在那头，我在这头……”

每次读余光中的《乡愁》，都会触发我对故乡的思念。曾有心为故乡的发展尽一点微薄之力，但官没上位手中无职权，财不眷顾施舍无银两，唯一感到欣慰的是在十堰电视台做记者、当主任期间，为故乡诸如“红旗渠”、水窖建设及其他宣传推介、美誉报道过若干次，仅此而已，不值一表。

现回过头审视、反思，作为一名文化工作者，为何不能用手中的笔推介故乡，宣传故乡，让乡党对故乡有更深的认知，让不知故乡的外乡人从中知道故乡。念头一生，顿感兴奋。但冲动之余理性思考，在史料几乎为空白，又无任何同类样本的情势下，要完成这项工程，仅凭一己之力，其困难之多、难度之大可想而知。好在此事得到南化塘籍乡党、十堰市委原副秘书长陆永福，郧阳区人大常委会原主任张建生，郧阳区人大常委会主任焦宗啟，郧阳区政协副主席吴忠恒、裴长青，南化塘镇原党委书记、现白浪镇党委书记周吉森，南化塘镇党委书记王俊，镇长罗永波的高度认可，使我信心倍增，决定捧起这个“烫手的山芋”。

为做好功课，交一份较满意的“答卷”，我“自讨苦吃”，搭上几乎所有的休息日、节假日，踏遍故乡的每一个村组、山寨，勘察遗迹。每当攀上一座静默在天地之间的高峻峰岭，徜徉在隐藏于深山密林之间的山间溪流之侧，或者置身于那些早已荒废的古遗址之际，我的内心就会被一种穿越千年时空的苍茫浩渺笼罩。时常感到自己不是行走在当代，而是在一条融汇了数千年甚至数十万年的情感的河流上逆流而行。透过茫茫林海，起伏山峦，我仿佛看到了已远去作古的乡党正打磨石器，狩猎捕鱼的朦胧身影。

每当收集到一本残缺不齐、霉烂发黄的乡党家谱，俯拾起一片沾满时间绿锈的残砖断瓦，听到一首悠扬动听的故乡民歌和一个跌宕起伏的传奇故事，我都会激动得彻夜难眠。短短一年时间，我采访、拜访乡党上百人，收集家谱、地方文献数十本（卷），广阅通读《郧阳府志》《郧县志》及水利、交通、教育等专业志书、丛书逾500万字以上，拍摄、收集图片多达数百张，真可谓“踏破铁鞋有觅处，得来全都费功夫”。

敢提笔，底气是20年前我为写反映“三农”问题的电视剧《衣食父母》，与曾出版《我向总理说实话》一书的荆州市监利县棋盘乡原党委书记，现中国乡村规划设计院院长李昌平进行过一次长达3小时的深谈。

20多年来，我一直关注“三农”（农村、农业、农民）问题，读过自民国百年来诸多当代社会学家、人类学家、乡土问题学者的专著，如费孝通的《乡土中国》，梁漱溟的《乡村建设理论》，董时进的《中国农业政策》及近代影响较大的《中国之重》《一个村庄里的中国》等。

书写前，我就定好位，这本书无须优美华丽的辞藻字句，更无须丰富的臆想力，只需用客观、平视的角度去审视、叙述故乡的人和事。不过分夸大故乡的美誉，也不用过多的精力、笔墨去挖掘、描述乡党们并不愿过多昭示于世的苦难与伤痛。我不是人文专家、学者，不可能以一种整体的眼光，调查、分析、审视故乡在中国历史变革和文化变革中的位置，而是重回生命之初，重新感受大地，感受故乡土地上乡党们的心灵与精神。

我本应用更多的时间去挖掘故乡更多的人和事，但因阅历、能力及精力有限，我对故乡的挖掘、认知仍然是肤浅、粗放的，书中所涉及的人和事，许多是我在离开故乡前熟悉的人和耳闻目睹的事，离开故乡后及后来回乡采风都是去也匆匆、回也匆匆，肯定挂一漏万，还存在诸多错误，甚至是谬误，愿乡党们能理解、谅解，多批评指正，并苛望继续向我提供相关资料（邮箱地址：2692960567@qq.com），以备若有幸能再版时予以纠正修订。本书涉及故乡的许多史料、资料，因本书所需，参考并引用了《郧县志》《郧阳抚治两百年》《郧县人自何而来》《郧阳文库》《郧县水利志》《郧县工商志》等志书、丛书，在此一并向撰写、参与编纂这些书籍而默默付出了辛勤劳动的领导、专家学者、编辑致以崇高的敬意！

借付梓之际，感谢在历时两年的采风、收集资料、撰写过程中，给予我无私帮助的众多镇、村委领导和众乡党。感谢为此书拍摄图片、提供资料的摄影家罗喜周、陈家麟、赵虹、周家山。尤其要感谢著名作家、十堰市文联原主席欧阳学忠，郧阳区第一中学退休教师、郧阳文化研究者邢方贵，他们都是古稀老人，却为本书的撰写披肝沥胆、校审书稿。感谢中国地域文化研究会主任、湖北省民间文艺家协会主席傅广典为本书作序。感谢亦师亦友的高霜木老师，郧阳区文化和旅游局局长方周圆，为本书做出版前的把关校审，在此一并致谢！

最后，感谢25年来一直理解、支持我事业的妻子黄霞和她的父母、兄弟及家人！

此书问世，我不能说自己做到了完全客观，但力求的是真实。但愿它能帮助故乡乡党更多、更深地了解故乡的前生今世，成为外乡人对故乡有所知、有所了解的一扇窗口和将来自己百年后的枕头石。决无奢望它能流芳百世，当然最好也别成为得此书者书架上尘封的符号，糊墙纸和盖酒坛的顶替石。即使是，我还会继续书写故乡的人和事，只要有机会，我愿意多回到故乡，多生活在故乡，多呼吸故乡的空气，多接触故乡的人，多了解故乡的事。只有在故乡,我可以让自己停下来,思考我的人生、我的生活与写作,顿感活得不那么匆忙。一句话,没有故乡的人寻找天堂,有故乡的人回到故乡。

赵伯贤
2020 年 9 月于湖北省十堰市东山苑